税理士・ファイナンシャルプランナー
大場智子

レシートを貼るだけで 5000万貯まる家計ノート

世帯年収500万・
貯金月10万で実現!

さくら舎

はじめに

サラリーマンの1年間の平均給与額は420万円です。これは国税庁が毎年9月に公表している民間給与実態統計調査（平成27年分）から明らかになった金額です。男女別の平均給与額は、男性521万円、女性276万円です。平成元年から27年までのこの調査結果をながめてみると、平均給与額に大きな伸びはなく、平成元年の402万円とさほど代わり映えしません。これから先もこの傾向は続くものと思われます。

またこの調査では、年間給与額500万円以下の人が約7割であることが示されています。サラリーマンの大半が年収500万円以下で何とかやりくりしているのが現状です。この限られた年収から税金や社会保険料を負担し、生活費を支払うと手元に残る金額はいくらになるのでしょう。貯蓄をするのは容易ではないように思えます。貯蓄が心もとないと、将来を不安に思う人も少なくないでしょう。

いっそのこと、手元に残ったおカネをもとに株式投資やFXなどでもして運用益を狙いましょうか？　いやいや、もともと証券取引をやっている人・興味がある人は別ですが、貯蓄を増やすためにそんなことをする必要はありません。元本割れのリスクもあります。

実は、おカネを貯めることはさほど難しいことではありません。毎月の給与収入は自分で都合よく増やすことはできませんが、支出は自分でコントロールできます。

支出のコントロールに特殊な知識やテクニックは不要です。適度な金銭感覚があれば自《おの》ずと支出管理ができるようになり、その結果おカネが貯まるようになります。おカネの使い方を少し意識するだけで、無駄遣いが減ってきます。おカネをいつ・どこで・なんのために使ったのか、記憶だけに頼らず記録することで金銭感覚は洗練されます。

そこで有用なのが「家計ノート」です。家計ノートというと面倒くさくて続かないイメージを持つ人もいらっしゃるかと思いますが、本書で提案する家計ノートは、レシート類をルーズリーフなどに貼るだけのシンプルなものです。1週間にたった1回、10分もあれば作業は完了します。この貼るだけ家計ノートを「週1回10分」習慣化するだけで、おカネの使い方がスマートになり、ココロもフトコロもリッチになります。

になるのです。

金融資産を運用することなく、また、金利に左右されることなくおカネが貯まるよう

たとえば、30歳で世帯年収500万円の人が、今からがんばれば70歳までに5000万円貯めることも夢ではありません。

本書は、第Ⅰ部　基礎編（カンタン家計支出管理法）と第Ⅱ部　応用編（ハイブリッド家計資産管理法）の2部構成になっています。

まずは、第Ⅰ部の第1章で、年収500万円の世帯でも70歳までに5000万円貯まることを確認し、第2章で貼るだけ家計ノートのつけ方を覚え、第3章で家計ノートのチェックの仕方を学びましょう。これらをマスターすれば、家計支出管理の基礎力はバッチリつくはずです。

第Ⅱ部は、基礎力を身につけてから読み始めてください。第4章では、貼るだけ家計ノートを活用して家計のバランスシートを作成します。この家計のバランスシートは、家計資産の管理に役立ちます。家電や車両の買い替えのタイミングから、相続対策・財産分与に至るまで、重要な家計の意思決定を行う際に必要な資料となります。

それでは、早速チャレンジしてみましょう。

・1週間にたった1回

・わずか10分間

・レシートを貼るだけ

これを実践し続けて、預金残高の金額に思わずニンマリしてしまう日が来ることを信じています。

目次

第2章　ルーズリーフに貼るだけ！　おカネの貯まる家計ノートをつけよう

第3章　家計ノートで全身チェック！　家計美容で家計磨き♪

第Ⅱ部　応用編　ハイブリッド家計資産管理法

第4章　知ってよかった！　家計ノート活用術

巻末付録

レシートを貼るだけで5000万貯まる家計ノート

——世帯年収500万・貯金月10万で実現！

第Ⅰ部　基礎編　カンタン家計支出管理法

第1章

５０００万円貯蓄するのは夢ではない

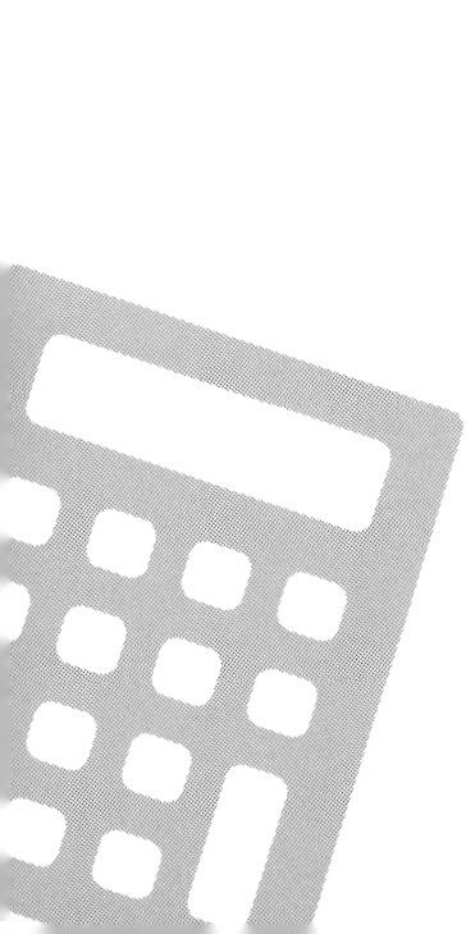

家計調査報告から5000万円貯蓄できることを確認しよう

貯蓄額５０００万円というと超大金のイメージがありますよね。今のあなたの貯蓄額はいくらありますか？　増やしてみたいと思いませんか？

実は、貯蓄額を５０００万円にすることは夢物語ではありません。もし、今あなたが30歳だとしたら、貯蓄額ゼロ円からでも1年で１２５万円ずつ40年間コツコツ貯めれば70歳で５０００万円になるのです。

そんなことが実際に可能なのか、総務省の家計調査から検証してみましょう。「家計調査年報（家計収支編）平成27年（２０１５年）」を参考に、世帯年代別に貯蓄可能額をまとめてみました。次ページの世帯年代別年間貯蓄可能額をご覧ください。これは、世帯主の年代別に収入・支出の月平均額を年換算したものです。

まずは表の項目の説明をしましょう。

・実収入…いわゆる税込み収入のこと。世帯員全員の現金収入を合計したものをいう。

世帯年代別年間貯蓄可能額（単位：万円）

項　　　世帯主の年齢階級	30代	40代	50代	60代
実収入	537	644	644	445
非消費支出	94	126	130	75
可処分所得	443	518	514	370
消費支出	298	356	372	342
貯蓄可能額	145	162	142	28

※　総務省「家計調査年報（家計収支編）平成27年（2015年）―1世帯当たり1か月間の収入と支出」より作成

貯蓄可能額の計算の仕方

実収入（給与など）－非消費支出（税金・社会保険料）
＝可処分所得（手取り）

可処分所得－消費支出（生活費）＝貯蓄可能額

勤め先からの給与や賞与、家賃収入や事業収入などがある。

・非消費支出…税金や社会保険料など世帯の自由にならない支出のことをいう。

・可処分所得…「実収入」から「非消費支出」を差し引いた額。手取り収入を表す。

・消費支出…いわゆる生活費のこと。「食料」「住居」「光熱・水道」「家具・家事用品」「被服及び履物」「保健医療」「交通・通信」「教育」「教養娯楽」「その他の消費支出」に大別される。

・貯蓄可能額…「可処分所得」から「消費支出」を引いた残高がプラスであれば黒字となり、この黒字分が貯蓄に回せる額となる。

それでは世代世帯ごとの数字を追っていきましょう。

30代世帯で約１４５０万円貯まる

30代世帯の年間実収入は約５３７万円です。ここから年間の税金や社会保険料（以下、「非消費支出」といいます）約94万円を差し引きます。この差額を可処分所得といいます。給料の手取り金額であると考えるとわかりやすいと思います。可処分所得は、約４４３万円です。消費支出は、食費や光熱費・住居費などの生活費のことです。年間の消費支出は約２９８万円です。

可処分所得から消費支出を引いた額が貯蓄可能な金額です。30代世帯で年間約１４５万円の貯蓄が可能です。30歳から39歳までの10年間で貯蓄額は約１４５０万円となります。

40代世帯で約３０７０万円貯まる

40代世帯の年間実収入は約６４４万円です。非消費支出は年額約１２６万円、可処分所得は約５１８万円で、ここから消費支出の約３５６万円を差し引いた貯蓄可能額は約１６２万円です。40歳から49歳までの10年間で約１６２０万円貯蓄をすると、貯蓄累計額は約３０７０万円となります。目標金額５０００万円の半分以上が40代世帯で達成できるわけです。

50代世帯で約４４９０万円貯まる

50代世帯の年間実収入は約６４４万円です。ほぼ40代と変わりません。非消費支出は年額約１３０万円、可処分所得は約５１４万円です。消費支出が約３７２万円で、貯蓄可能額は約１４２万円となります。50歳から59歳までの10年間で約１４２０万円の貯蓄をすると、30歳から59歳までの間で約４４９０万円貯まっていることになります。

60代退職金の支給で目標額クリア

30代から50代で順調に貯蓄額が増えていきました。目標額まであと約５１０万円です。１年で約51万円ずつ貯蓄をしていけば達成できます。

大学卒一人平均退職給付額（単位:万円）

勤続年数	平均退職給付額
20 ～ 24年	826
25 ～ 29年	1083
30 ～ 34年	1856
35年以上	2156
総平均	1941

※　厚生労働省「平成25年就労条件総合調査結果の概況」より作成

しかし、60代で定年を迎えた時に、退職金の支給があれば、その目標はあっさりクリアできます。

上の「大学卒一人平均退職給付額」をご参照ください。厚生労働省の平成25年就労条件総合調査結果の概況《がいきょう》によると、勤続20年以上かつ45歳以上の定年退職者（大卒）の退職給付額の平均は１９４１万円です。

退職金にかかる税金は軽減されているので、手取り金額は支給金額とさほど差はないはずです。入金された瞬間に貯蓄残高５０００万円突破です！

60代世帯で貯蓄が難しくなる!?

退職金が支払われる人はめでたく目標達成となりましたが、退職金の支払いがない人もいます。この場合はどうなるでしょうか。

Ｐ19の60代世帯を見てみると、年間実収入約４４５万円、非消費支出約75万円、可処分所得約３７０万円、消費支出約３４２万円で、貯蓄可能額は約28万円と激減してしまいます。

これは、60歳で定年を迎え、65歳まで再雇用されるも給与水準は下がり、年金を加算しても貯蓄できるだけの年収ではないことを意味しています。イマドキの60代は貯蓄が難しいということです。

それでもがんばって、60歳から69歳までの10年間で約２８０万円貯蓄をすると、30歳から69歳までの間で約４７７０万円貯まっていることになります。目標達成まで２３０万円ほど届きませんでしたが、とても素晴らしい金額です。

総務省の「家計調査年報（貯蓄・負債編）平成27年（２０１５年）貯蓄・負債の概況」によると、60歳以上の世帯では貯蓄現在高が２５００万円以上の世帯が約３分の1を占めています。結構みなさましっかり貯めていらっしゃるのですね。さらに貯蓄残高が４０００万円以上の世帯割合は18・２％と2割近くもあります。

あなたが貯蓄残高ランキングに上位入賞することは、意外と難しいことではないかもしれません。

家計調査の数字にはちょっとしたカラクリがある

しかし、ちょっと待ってください。統計上は、これで正しいかもしれませんが、家計調査の数字は平均値です。支出金額の大きい家賃の支払いや住宅ローンの返済がどの項目に反映されているか確認しなくてはいけません。

たとえば、家賃についてですが、持ち家があり家賃の支払いをしていない世帯もすべて含んで平均化しています。したがって、消費支出に含まれる家賃の平均値は極《きわ》めて低いものになっています。また、住宅ローンの支払いは消費支出に含まれていません。それを考えると貯蓄可能額はＰ19の数字よりも少なくなりますね。

がっかりするのはまだ早いです。もう少し現実的な方法で５０００万円を貯めてみましょう。

年収500万円の世帯でも5000万円貯められる

ここで結婚したての30歳夫婦の新世帯を例とし、40年間で貯蓄額がいくらになるかを5年刻みで検討していきましょう。

次ページの「30歳から70歳までの貯蓄残高推移表」をご覧ください。

次の前提で、シミュレーションを行います。世帯の実収入は30歳から65歳の定年まで、1年につき５００万円と仮定します。夫婦二人合わせて５００万円です。

40〜50代はもう少し給与水準は上がるかもしれませんが、あえて金額は５００万円のままにします。「可処分所得」（「実収入」から「非消費支出：税金や社会保険料など世帯の自由にならない支出」を差し引いた額）は４１０万円と仮定します。定年後から69歳までは、年金とアルバイト収入などで実収入は３４０万円と仮定します。可処分所得は２８０万円とします。70歳からは、実収入は年金収入のみの２２０万円とし、可処分所得は１８０万円と仮定します。

支出は、食費や光熱費、被服費などの基本生活費、家賃や住宅ローン返済などの住居費、学費や塾代などの教育費、生命保険料や損害保険料などの保険料、交際費や趣味の費用などのその他の支出を合計したものです。年代別に数字が異なりますのでこちらについては後述いたします。

	45～49	50～54	55～59	60～64	65～69	70
	中学校入学	高校・大学入学	大学卒業	還暦	定年・ローン完済	古希
	500	500	500	500	1700	220
	90	90	90	90	90	40
	410	410	410	410	1610	180
	140	140	135	135	130	130
	120	120	120	120	120	10
	30	51	60	0	0	0
	12	12	12	12	10	10
	30	30	30	25	20	30
	332	353	357	292	280	180
	78	57	53	118	1330	0
	2159	2474	2747	3272	5074	5074

金融資産の運用は含まないこととします。単純に給与と年金の収入のみでおカネを貯めることを考えます。

30歳～34歳【新婚期】

30歳で新たに戸籍を作った新婚の世帯です。独身時からの貯蓄額が二人合わせて500万円あったとしましょう。年間支出合計額282万円（年間支出の内訳は、基本生活費130万円、住居費120万円、保険料12万円、その他支出は20万円）でやりくりしたとします。可処分所得は410万円ですから、可処分所得410万円－年間支出額282万円＝貯蓄可能額128万円となります。

30歳から70歳までの貯蓄残高推移表（単位：万円）

あなたの年齢		30～34	35～39	40～44
ライフイベント		新婚期	第一子誕生・幼稚園入園	家購入・小学校入学
①　実収入		500	500	500
②　非消費支出		90	90	90
③ 可処分所得（①－②）		410	410	410
支出内訳	基本生活費（食費、光熱費、被服費など）	130	135	140
	住居費（家賃や住宅ローンなど）	120	120	120
	教育費（学費、塾代、教育関係費）	0	0	23
	保険料（生命保険料や損害保険料）	12	12	12
	その他支出（交際費、趣味・娯楽費など）	20	25	30
④　支出合計		282	292	325
⑤　年間収支（③－④）		128	118	85
⑥　貯蓄残高		628	1258	1769

注：②は実収入の約18%としています。
⑥は結婚時に500万円の貯蓄が既にあったものとしています。

月の生活費を23・5万円（うち食費5万円、賃貸家賃10万円としています）と設定しています。いかがでしょう？ なんとなくできそうだと思いませんか。

30歳から34歳までこの生活が続いたとすると、640万円貯蓄できていることになります。独身時代からあった貯蓄と合わせると残高は1140万円です。

35歳～39歳【第一子誕生・幼稚園入園】

35歳で第一子が誕生しました。基本生活費は若干上昇します。年間支出額は292万円です。基本生活費とその他支出合わせて年間で10万円上昇したと仮定します。35歳から37歳までの年間貯蓄可能額は118万円ですので3年間で354万円貯めることができます。

38歳で子供が公立幼稚園に入園します。ここから大学卒業まで教育費が発生します。年間支出額は315万円（内訳は、基本生活費135万円、住居費120万円、教育費23万円、保険料12万円、その他支出25万円）となり、貯蓄可能額は95万円になります。

35歳から39歳までの貯蓄純増額は544万円、貯蓄残高は1684万円です。

40歳〜44歳【家購入・小学校入学】

40歳で郊外に3500万円の家を購入します。夫婦それぞれの親から500万円ずつ住宅取得のための資金贈与を受け、2500万円の住宅ローン（返済期間30年、変動金利2・475%、月の返済額約10万円）を組みます。

家の維持費や子供にかかる費用など基本生活費が若干上がります。年間支出額は325万円（内訳は、基本生活費140万円、住居費120万円、教育費23万円、保険料12万円、その他支出30万円）、貯蓄可能額は85万円、貯蓄残高は1769万円となりました。

41歳で子供が公立小学校に入学します。小学校の教育費は年間約30万円で、幼稚園の年間教育費23万円よりも7万円アップします。41歳から44歳までの間に、貯蓄純増額は３１２万円となり、貯蓄残高は２０８１万円となります。

45歳〜49歳【中学校入学】

45歳から46歳までは、年間支出額が３３２万円（内訳は、基本生活費１４０万円、住居費１２０万円、教育費30万円、保険料12万円、その他支出30万円）で、貯蓄純増額は１５６万円、貯蓄残高は２２３７万円です。

47歳で子供が公立中学校に入学します。教育費は年間48万円に上がります。このころから貯蓄可能額が年額60万円となり減少していきます。47歳から49歳までの年間支出額は３５０万円、貯蓄純増額は１８０万円、貯蓄残高は２４１７万円です。

50歳〜54歳【高校・大学入学】

50歳で子供が公立高校に入学します。教育費は年間51万円になります。50歳から52歳までの年間支出額は３５３万円で（内訳は、基本生活費１４０万円、住居費１２０

万円、教育費51万円、保険料12万円、その他支出30万円）、貯蓄純増額は１７１万円、貯蓄残高は２５８８万円です。

53歳で子供が国立大学（文系）に入学します。子供がアルバイトを始めたので、若干基本生活費は減りますが、教育費は文系といえども年間60万円になります。貯蓄可能額は年間53万円となり、この時期が最も貯蓄が難しい年代になります。

53歳から54歳までの年間支出額は３５７万円（内訳は、基本生活費１３５万円、住居費１２０万円、教育費60万円、保険料12万円、その他支出30万円）で、貯蓄純増額は１０６万円、貯蓄残高は２６９４万円になります。

55歳〜59歳【大学卒業】

56歳で子供が大学を卒業します。教育費の負担はこれで終了です。55歳から56歳までの年間支出額は３５７万円、貯蓄純増額は１０６万円、貯蓄残高は２８００万円です。

57歳から、年間支出額は２９２万円（内訳は、基本生活費１３５万円、住居費１２０万円、保険料12万円、その他支出25万円）に減ります。この時期から64歳までは貯蓄が増やせる最後のチャンスです。

57歳から59歳までの貯蓄純増額は354万円で、貯蓄残高は3154万円です。

60歳〜64歳【還暦】

自身も還暦を迎え、定年に向かって貯蓄もラストスパートです。

年間支出額は292万円（内訳は、基本生活費135万円、住居費120万円、保険料12万円、その他支出25万円）で、年間貯蓄可能額は118万円です。5年間で590万円貯蓄額が増え、貯蓄残高は3744万円になります。

65歳〜69歳【定年・ローン完済】

65歳で定年を迎えます。退職金の支払いが1200万円ありました。退職金にかかる税金はこのケースではゼロ（退職所得控除額が大きく課税対象にならないため）です。したがって、口座には1200万円満額入金されます。

ここで、貯蓄残高が5000万円を突破します。

66歳からは年金の支給と、アルバイトなどの給与収入とで、実収入は340万円となります。可処分所得は２８０万円です。年間支出額は２８０万円（内訳は、基本生活費１３０万円、住居費１２０万円、保険料10万円、その他支出20万円）で、可処分所得と同じになり、貯蓄はできなくなります。

しかし、69歳で住宅ローンの30年返済がようやく終了します。したがって、この先年間１２０万円の支出はなくなります。

70歳【古希・貯めたおカネはありがたく有益に使う】

70歳からの実収入は年金収入のみの２２０万円になります。可処分所得は１８０万円です。年間支出額は１８０万円（内訳は、基本生活費１３０万円、住まいの修繕等を考慮して住居費10万円、保険料10万円、医療費が増えることを考慮してその他支出30万円）です。貯金を切り崩さずにやりくりに務めます。

70歳到達前に目標を達成しましたが、貯めたおカネは、このまま放っておくわけではありません。家のリフォームをしたり、老後のまさかに備えたり、旅行を楽しんだり、自分の人生に有益となるように大切に使うのです。

これから数十年後に70代を迎える世代の人たちは、70歳を越えても年金だけに頼らず、働き口があれば時給が安くてもバリバリ楽しく働く時代になっていることと思います。貯蓄の目減りを防ぐ意味もありますが、健康で働けるということは何物にも代えがたい素晴らしいものです。若々しい気持ちでいられるでしょうし、医療費削減に一役買うかもしれません。

8つのパターン（A～H）の貯蓄残高を確認してみよう

Ｐ26・27の「30歳から70歳までの貯蓄残高推移表」は、①独身時代の貯蓄が夫婦合わせて５００万円あり、②家の購入時に、それぞれの両親から５００万円ずつ合計１０００万円の住宅取得等資金贈与を受け、③退職時に１２００万円の退職金を受け取っている場合でした。

そこで、①結婚時の貯金があり・なし、②親からの贈与があり・なし、③退職金があり・なしで組み合わせると、８つのパターンになります。次ページの「年齢・パターン別貯蓄残高」をご覧ください。少し前提が異なると、結果が大きく違ってきます。

	50歳	55歳	60歳	定年		65歳	70歳
	2,474	2,747	3,272	退職金1200万円	あり	5,074	5,074
					なし	3,874	3,874
	1,990	2,043	2,348		あり	3,930	3,754
					なし	2,730	2,554
	1,974	2,247	2,772		あり	4,574	4,574
					なし	3,374	3,374
	1,490	1,543	1,848		あり	3,430	3,254
					なし	2,230	2,054

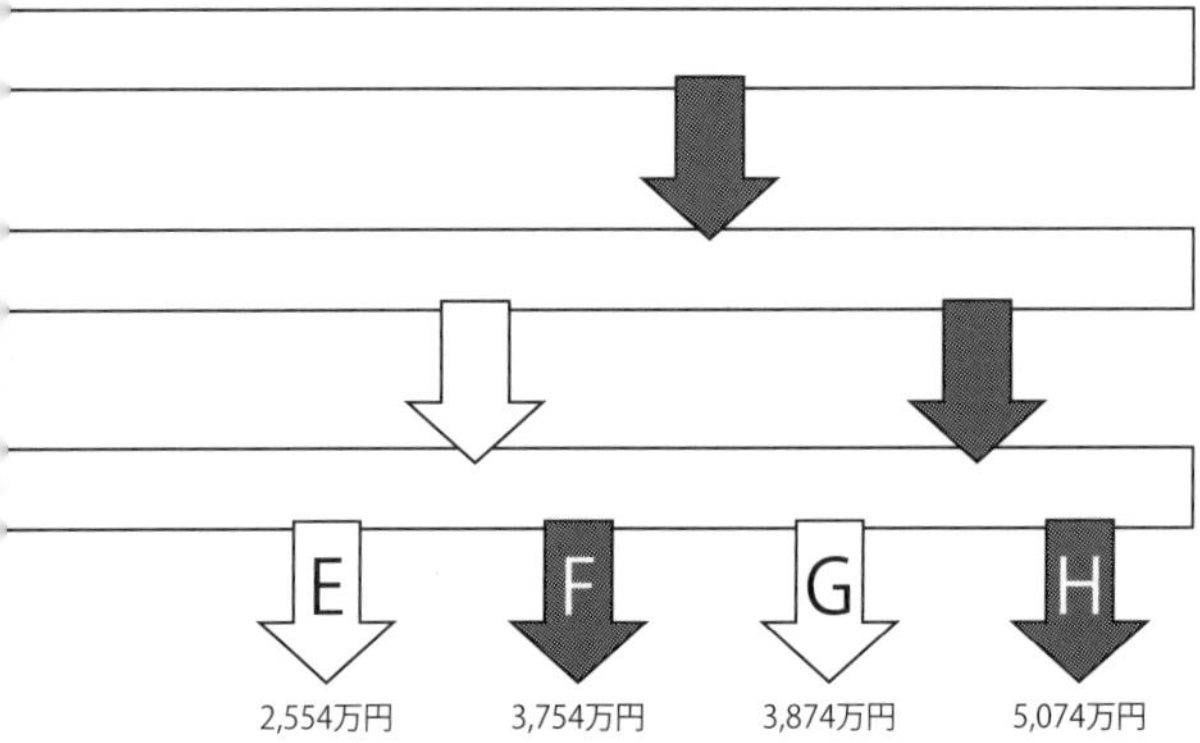

この8つのパターンのキャッシュフロー表は、巻末に載せてあります。ご参照ください。

年齢・パターン別貯蓄残高（単位：万円）

結婚		30歳	35歳	住宅取得		40歳	45歳	
結婚時貯金500万円	あり	628	1,258	住宅資金贈与1000万円	あり	1,769	2,159	
					なし	1,725	1,895	
	なし	128	758		あり	1,269	1,659	
					なし	1,225	1,395	

70歳時パターン別貯蓄残高フローチャート

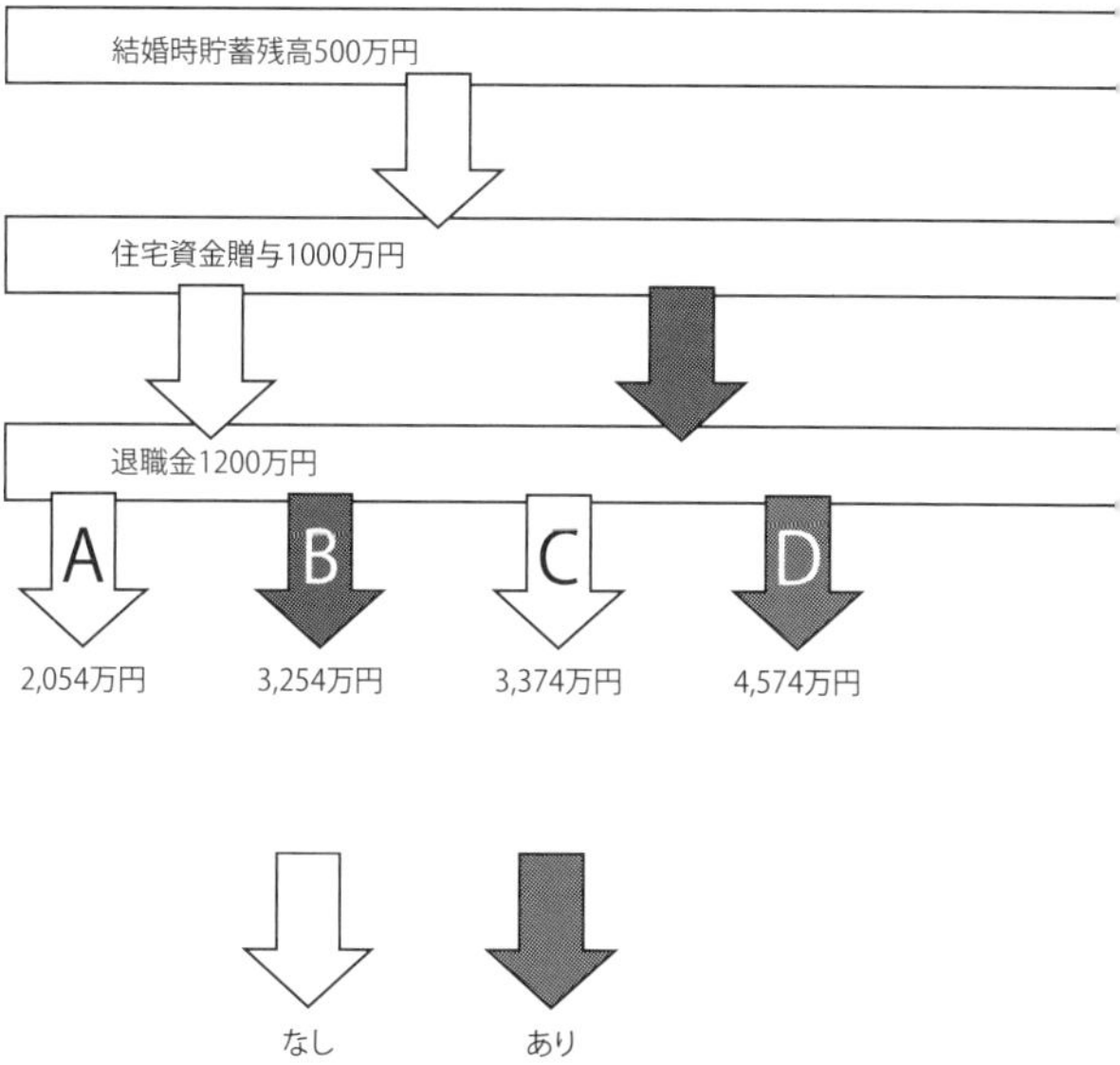

次に「70歳時パターン別貯蓄残高フローチャート」を見てみましょう。たとえば、①なし、②あり、③なしですと70歳時の貯蓄残高は３３７４万円であることがわかります。①～③まですべてなしであっても２０５４万円貯蓄できていることが確認できます。年収５００万円の世帯でも、無理をせずに貯蓄ができることがおわかりいただけたでしょうか。

第2章

ルーズリーフに貼るだけ！おカネの貯まる家計ノートをつけよう

まずはおカネの特徴を知ろう

第1章でおカネはさほど無理なく貯められることがわかりました。それでは、具体的におカネが貯まっていく様子をイメージしていきましょう。そのためには、まずおカネの特徴を知っておく必要があります。

少し経済学チックにいうと、おカネには、①価値の交換、②価値の尺度、③価値の蓄積の3つの機能があります。

① 価値の交換

モノやサービスの交換におカネが使われていることは周知のとおりです。私たちは、モノやサービスを購入する時におカネと引き換えにそれを手に入れます。またサラリーマンは労働を提供することによって給与というおカネを得ます。このようにおカネは価値の交換、つまり支払いの手段としての機能を持ちます。

②　価値の尺度

モノやサービスには価格があります。労働にもその対価として、時給・日給・月給・年俸などの価格があります。おカネは誰が見てもその価値がわかる共通のモノサシです。価格を知ることで、その価値を知り、比較したり検討したりできるわけです。このようにお金は、「価値の尺度」としての機能を持ちます。

③　価値の蓄積

おカネは腐《くさ》ることがありません。今使わないおカネは、使う時が来るまで、保管しておくことができます。このようにおカネには貯蓄機能があります。この機能を生かし、貯蓄額を増やしていく人がお金持ちであるということができます。

おカネは、価値を価格で表し、支払いを通して交換し、蓄《たくわ》えることができる性質を持っています。おカネの機能を最大限に生かし、有益に使い、そして貯蓄に励《はげ》みましょう。

おカネの入口は1ヵ所、出口は多方向

おカネはどこから入ってくるのでしょう。サラリーマン世帯であれば、給与収入がメインですよね。給与として入ってきたおカネは、たいてい銀行などの預金口座に入ります。このほかに、贈与されたり、事業を営《いとな》んだり不動産を貸している人であれば、事業収入や不動産収入などが入ってきますが、本書ではサラリーマン世帯を想定していますので、基本的にお金の入口は、給与のみの1ヵ所と考えます。お金の入口のことを収入といいます。

一方、入ってきたおカネは、どのように出ていくのでしょう。おカネの出口は一般的に、

① 口座から現金を引き出して使う（現金支出）
② クレジットで後日口座決済をする（クレジットカード）
③ 口座振替で支払いの決済をする（口座引落）

の３つの方向に流れるのではないかと思われます。おカネの出口のことを支出といいます。

そしてどこにも使われることなく、

④　口座にとどまっている

ものもあります。このことを余剰といい、貯蓄ができるものとして考えられます。

おカネは、入ってくるといったん増えて、使うと減り、使わないものは残るという極めて簡単な動き方をします。

おカネの流れのイメージ

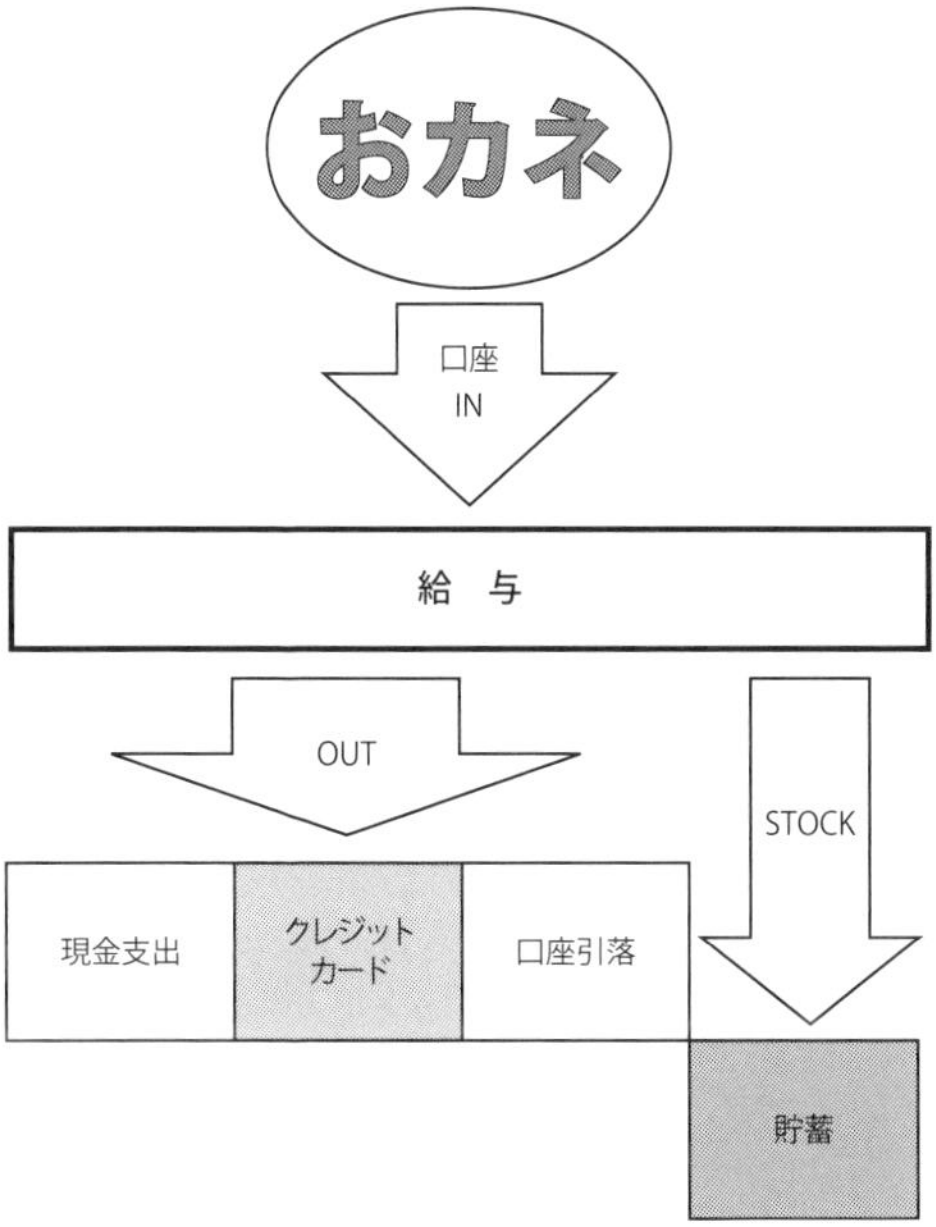

おカネの出方を把握すればおカネは貯めやすくなる

収入が多ければ、貯蓄はたやすいでしょう。しかし、おカネの入口である給与収入をすぐさま10倍、１００倍にしたいと願っても、自力でどうにかなる問題ではありません。サラリーマンである以上、おカネの入口はある程度固定されてしまいます。おカネの入口はコントロールできるものではありませんが、おカネの出口は自分でコントロールすることができます。

自分でおカネの使い方を、「考え」、「実行し」、「省《かえり》みる」。これを反復して経験することにより、無駄な支出が減っていきます。そのために、おカネを「どのように」「なんのために」「いくら」使ったのか、常に把握しておく必要があります。おカネを使ったその日であれば、なんの目的でいくら使ったのかわかります。

しかし、自分のしてきた経済活動をいつまでも覚えていられる人はそういないでしょう。いつでも思い出せるように記録をつけて残しておくと自分の過去の経済活動をすぐに確認することができます。

そこで、記録媒体《ばいたい》として、家計ノートの存在がクローズアップされます。家計ノートというと面倒くさい、貧乏くさいなどのネガティヴなイメージを持たれる方も少なくないでしょう。しかし、そんなことはありません。実際に家計ノートをつけてみると、自分の経済活動が手に取るようにわかるようになり、金銭感覚が研《と》ぎ澄《す》まされていくのです。

ルーズリーフで家計支出管理をしよう

家計ノートをつけるのは難しいことではありません。ルーズリーフにレシートや支払通知書などを貼《は》って集計すればＯＫです。ただし、飽《あ》きずにコツコツ続けることがポイントです。記録の積み重ねがものをいいます。市販の家計ノートや一般的なノートではなく、ルーズリーフを活用するメリットは、次のことが挙げられます。

レシートを貼り付けたルーズリーフは、枚数がかさむと結構な厚さになります。市販の家計ノートやノートだと厚さが増してくるにつれてページが閉じづらくなり、保管状態も美しくなくなってしまいます。その点、ルーズリーフですと、厚さに応じたバインダーを使用することにより、スッキリまとめることができます。コストもさほどかかりません。

また、年次ごとにルーズリーフやバインダーの色を変えてみたりして、自分なりに工夫して楽しく使い続けることができるのです。それでは、早速、家計ノートをつけてみましょう。

ルーズリーフを使わなくても、Ｐ48の週計表①をプリントアウトして、フラットファイルのバインダーにとじるなどしてもよいでしょう。**Ｐ48の週計表の書式**は、さくら舎のＨＰ（http://sakurasha.com/）の本書の書籍紹介のページからダウンロードすることができます。

らくらく家計ノートのつけ方

用意するものは、

・ルーズリーフなど
・バインダー

・筆記用具
・セロハンテープ、のり
・レシート類
・クレジットカード明細
・通帳

これだけです。実にシンプルですね。シンプルゆえにとても記録がつけやすいです。

また、家計ノートをつけ始めるタイミングですが、家計ノートをつけようと思った時が開始の時です。年初めからとか月初めからとかにこだわる必要は全くありません。家計ノートは自分自身のためにつけるものです。誰かに報告するために作るわけではありません。開始月は、集計した数字が正確ではありませんが、いつ、どこで、なんのために使ったのかは記録することができます。思い立ったが吉日です。

それでは、サンプルを参考にしながら家計ノートを作成してまいりましょう。

週計表の作成の仕方

Ｐ48、49の週計表のサンプルをご覧ください。一番右上には、おカネを使った週の期間を記入します。これでいつおカネが出ていったのかわかります。

左側は、「食」「住」「衣」「他」と支出の種類別に分かれています。

「食」は食べることに関連するものの支出を表しています。たとえば、食品や飲料水、外食にかかった支出はこの「食」の欄にレシートを貼り付けることになります。

「住」は住むことに関連するものの支出を表しています。たとえば、家賃や住宅ローンの支払い、水道光熱費・通信費、住まいの修繕費や家電購入の支出はこの「住」の欄にレシートを貼り付けることになります。

「衣」は身なりに関連するものの支出を表しています。たとえば、被服や履物、理美容関連費の支出はこの「衣」の欄にレシートを貼り付けることになります。

「他」はその他の支出を表しています。たとえば、交通費や教育費、医療費、レジャー費、慶弔《けいちょう》費、各種保険料などの払い込み、他口座への振り替えなどの支出は、この「他」の欄にレシートを貼り付けることになります。

次に上方真ん中の欄をご覧ください。「現金」「クレジットカード」「口座引落」と支払い方法別に3つに分かれています。たとえば、食品を現金で購入したとしたら、「食」と「現金」の欄のところにレシートを貼ります。クレジットカードで美容院代を払ったら、「衣」と「クレジットカード」の欄のところにカード明細を貼ります。口座引落でガス代を払ったら、「住」と「口座引落」の欄のところに支払通知書を貼ります。

その週のすべてのレシート類を貼り終えたら、集計作業をします。右の欄の「食費支出計」「住費支出計」「衣費支出計」「他費支出計」にそれぞれ支出種類別の合計を記入します。これを横計といいます。すべての横計を合計するとその週の支出合計になります。

次に、下方真ん中の欄の「現金支出計」「クレジットカード支出計」「口座引落計」にそれぞれ支払い別の合計を記入します。これを縦計といいます。すべての縦計を合計するとその週の支出合計になります。横計と縦計の合計金額は必ず一致するので、集計漏《も》れなどのミスがすぐにわかります。

週計表①

年　月　日〜　月　日

	現　　金	クレジットカード	口座引落	
食 食べることに関連するもの ・食品、飲料水、外食				食費支出計
住 住むことに関連するもの ・家賃、住宅ローン支払い ・水道光熱費 ・通信費 ・修繕費 ・家電				＋ 住費支出計
衣 身なりに関連するもの ・被服、履物 ・理美容関連費				＋ 衣費支出計
他 その他の支出 ・交通費 ・慶弔費 ・医療費 ・教育費 ・レジャー費 ・保険料 ・他口座へ振替				＋ 他費支出計 ＝
	現金支出計　＋	クレジットカード支出計　＋	口座引落計　＝	月　日支出合計

※週計表の書式は、さくら舎の HP（http://sakurasha.com/）の
本書の書籍紹介ページからダウンロードすることができます。

週計表②

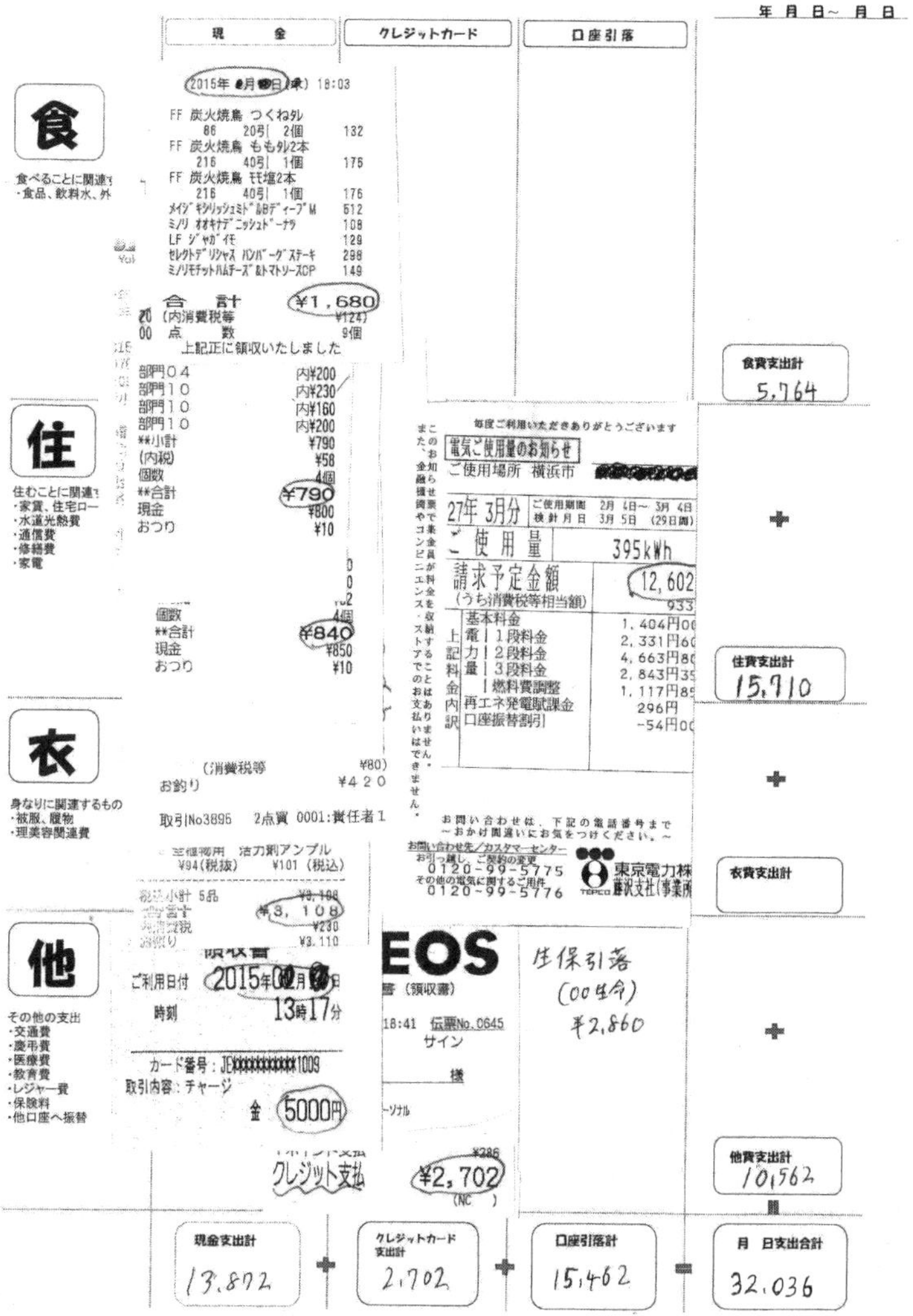
年 月 日～ 月 日

現金 | クレジットカード | 口座引落

食
食べることに関連す
・食品、飲料水、外

2015年[redacted]月[redacted]日([redacted]) 18:03
FF 炭火焼鳥 つくねタレ
86 20引 2個 132
FF 炭火焼鳥 ももタレ2本
216 40引 1個 176
FF 炭火焼鳥 モモ塩2本
216 40引 1個 176
メイジ ギシリッシュミドルBディープM 512
ミノリ オオキナデニッシュドーナツ 108
LF ジャガイモ 129
セレクトデリシャス ハンバーグステーキ 298
ミノリモチットハムチーズ&トマトソースCP 149
合 計 ¥1,680
(内消費税等 ¥124)
点 数 9個
上記正に領収いたしました

部門04 内¥200
部門10 内¥230
部門10 内¥160
部門10 内¥200
**小計 ¥790
(内税) ¥58
個数 4個
**合計 ¥790
現金 ¥800
おつり ¥10

個数 4個
**合計 ¥840
現金 ¥850
おつり ¥10

食費支出計
5,764

住
住むことに関連す
・家賃、住宅ロー
・水道光熱費
・通信費
・修繕費
・家電

毎度ご利用いただきありがとうございます
電気ご使用量のお知らせ
ご使用場所 横浜市[redacted]
27年 3月分 ご使用期間 2月 4日～ 3月 4日 検針月日 3月 5日 (29日間)
ご使用量 395kWh
請求予定金額 12,602
(うち消費税等相当額) 933
上記料金内訳
基本料金 1,404円00
電力量 1段料金 2,331円60
電力量 2段料金 4,663円80
電力量 3段料金 2,843円35
燃料費調整 1,117円85
再エネ発電賦課金 296円
口座振替割引 -54円00
また、このお知らせ は金融機関や 当社窓口、コンビニエンス・ストアでのお支払いはできません。
お問い合わせは、下記の電話番号まで ～おかけ間違いにお気をつけください。～
お問い合わせ先／カスタマーセンター
お引っ越し、ご契約の変更 0120-99-5775
その他の電気に関するご用件 0120-99-5776
東京電力株 藤沢支社(事業所
TEPCO

住費支出計
15,710

衣
身なりに関連するもの
・被服、履物
・理美容関連費

(消費税等 ¥80)
お釣り ¥420
取引No3896 2点買 0001:責任者1
洁力剤アンプル
¥94(税抜) ¥101(税込)
税込小計 5品 ¥3,108
合計 ¥3,108
内消費税 ¥230
お預り ¥3,110

衣費支出計

他
その他の支出
・交通費
・慶弔費
・医療費
・教育費
・レジャー費
・保険料
・他口座へ振替

領収書
ご利用日付 2015年[redacted]月[redacted]日
時刻 13時17分
カード番号：JE×××××××××××1009
取引内容：チャージ
金 5000円

EOS
(領収書)
18:41 伝票No.0645
サイン
様
ソナル
¥286
クレジット支払 ¥2,702
(NC)

生保引落
(OO生命)
¥2,860

他費支出計
10,562

現金支出計 13,872 + クレジットカード支出計 2,702 + 口座引落計 15,462 = 月 日支出合計 32,036

このように、家計ノートは簡単かつ正確に記帳することができるのです。

週計表をつける時のポイント

家計ノートを初めてつける方にとっては、慣れるまで戸《と》惑《まど》うかもしれません。挫《ざ》折《せつ》の第一歩が、この戸惑い・不慣れなのです。しかし、一定のルールさえ覚えてしまえばあとはルーチンワークになりますので、習うより慣れろの感覚でがんばりましょう。

週計表をつける時には、次に挙げるポイントをチェックしながら行うとよいでしょう。

① レシートをチェックする

レシートの年月日と合計金額は、色ペンを使って丸印で囲ったり、マーカーで線を引いたりして目立つようにしましょう。

② 週計表は支出をした週に1枚

週計表は支出をした週につき1枚使います。支出がない週は使いません。レシートを貼り付ける位置は、費別・支払い別の欄付近にそれとなくわかるように貼ればよいでしょう。大まかで構《かま》いません。自分がわかればそれでよいのです。貼る場所が足りなくなったら、裏側に貼りましょう。裏側に貼った時は集計漏《も》れに注意してください。

③　レシートがない場合

無人露店販売や自動販売機などで購入した場合は、レシートがないことがあります。そういうときは、購入場所と金額がわかるようにルーズリーフの該当欄に直接メモをしておきましょう。

ご祝儀《しゅうぎ》やお香典《こうでん》など、高額だけど領収書のない支出についても同様です。招待状や会葬礼状などがある場合は、その余白に金額を書き込んでルーズリーフに貼り付けましょう。

④　1枚のレシートで費目が分かれる場合

食料品やシャンプーなどの生活雑貨を同時にたくさん購入することがあります。1枚のレシートに収まっている場合、食費や住費などに分けて計上することは正確性から考えると素晴らしいことなのですが、ここはざっくりどちらか割合的に大きいほうの費目で計上してしまって構いません。正確性よりも、簡便性を重視しましょう。細かく考えすぎると家計ノートをつけるのが億劫《おっくう》になります。習慣的に長く続けることのほうが大切ですので、ここは割り切りが必要です。

⑤　クレジットカードで毎月引き落としがある場合

クレジットカードで買い物をして、レジでクレジット明細が発行される場合は、それを貼り付ければよいですが、新聞代や携帯電話代などのようにクレジット決済《けっさい》されるものは、月別の利用明細書（クレジット請求書）から利用日を確認して所定の欄に相手名と金額を書き込みましょう。

ちなみに、クレジットカードの利用金額は、最終的に口座から引き落とされますが、当然、この金額は週計表につける必要はありません。クレジットカードを使った週に、すでに支出計上しています。引き落としの週に請求金額を口座引落の欄に書き込んでしまうと二重計上になってしまいますので注意してください。

⑥　口座引落や口座振替の記載の仕方

水道光熱費などで口座振替を利用している場合は、支払通知書や使用料のお知らせが届くと思います。その書面から振替予定日を確認し、振替日に属する週計表の口座引落の欄に貼り付けましょう。ローンの返済日・返済金額などは返済予定表から確認してください。生命保険料などの振替日は保険契約書などから確認をしてください。通帳から口座振込みをした時は、振込明細書が発行されますので、その明細書を口座引落の欄に貼り付けましょう。

⑦　お小遣いは渡した時に、電子マネーはチャージした時に全額計上

お小遣《こづか》いは渡した時に全額他費支出として計上します。また、SuicaやPASMOなどの電子マネーもチャージした時に全額他費支出として計上します。実際にサービスを受けたり、モノを買ったりするのは、この日以降であったり、お小遣いやチャージがずっと残ることも考えられますが、ここではおカネが出ていく日に重点を置きます。

⑧　週計表は買い物の日記帳！　思ったことはなんでも書き込もう

週計表はレシートを貼り付ける専門用紙のみならず、買い物の日記帳としての役割も持ちます。買い物をして、よかったもの、失敗したものなど、簡単に感想を書き込んでおくとよいでしょう。

たとえば、初めて寄ったパン屋で購入したバゲットがおいしいと思ったら、そのレシートにマークをつけて「おいしかった☆」の一言でもよいのです。3ヶ月後、1年後、5年後と時間が経過しても、この一言メモを読めば、その時の感動がすぐによみがえってくることでしょう。

また、これはちょっとよくなかったという買い物をした時も、同じく感想を書き込んでおくと、次に失敗をしにくくなります。

たとえば、安さにつられて柔軟剤を大量買いしたもののその香りがイメージと違ったなど、後悔の念を抱いたら「反省…」の一言メモを書き添えておきましょう。

不思議なことに、おカネの出方についてほんの少しキモチを向けるだけで、これからの経済活動がスマートになっていきます。よい経験も悪い経験も繰り返していくうちに、買い物が上手になっていくのです。

月次家計収支一覧表の作成の仕方

１ヶ月分の週計表の作成が終わったら、その月の家計収支をまとめましょう。サンプルの月次家計収支一覧表をご覧ください（Ｐ56、57参照）。このサンプルの月次家計収支一覧表をプリントアウトしてバインダーにとじ込んでもいいでしょう。**Ｐ56の月次家計収支一覧表の書式**は、さくら舎のＨＰ（http://sakurasha.com/）の本書の書籍紹介のページからダウンロードすることができます。

この表は、その月の収入の合計金額と支出の合計金額の差額から余剰《よじょう》を導《みちび》き出し、支出の内訳を表示したもので、その月のおカネの動きが一目でわかるものです。１ヶ月分の家計ノートのまとめが月次家計収支一覧表です。この月次家計収支一覧表は、その月の週計表の前にとじ込みましょう。

ちなみに、この余剰がプラスであれば当月は黒字、マイナスであれば当月は赤字を表します。黒字は貯蓄可能、赤字は貯蓄切り崩しあるいは補《ほ》てん（借金）して不足分

○月分　家計収支一覧表

がんばりました！　まあまあでした　ざんねんでした…

収入	①給与手取り金額	＿＿＿＿	円
	②その他収入	＿＿＿＿	円
ー	合計金額	＿＿＿＿	円
支出	①現金支出	＿＿＿＿	円
	②クレジットカード支出	＿＿＿＿	円
	③口座引落	＿＿＿＿	円
＝	合計金額	＿＿＿＿	円
余剰	（収入ー支出）	＿＿＿＿	円

支出内訳	①食費支出	＿＿＿＿	円
	②住費支出	＿＿＿＿	円
	③衣費支出	＿＿＿＿	円
	④他費支出	＿＿＿＿	円
	合計金額	＿＿＿＿	円

一致する

～～

Memo☆

＊参考

おさいふ残高	クレジットカード明細表金額	口座残高
円	円	円

※月次表の書式は、さくら舎のHP（http://sakurasha.com/）の本書の書籍紹介ページからダウンロードすることができます。

○月分　家計収支一覧表

収入	①給与手取り金額	341,600	円
	②その他収入	0	円
‖	合計金額	341,600	円
支出	①現金支出	72,584	円
	②クレジットカード支出	30,239	円
‖	③口座引落	132,673	円
	合計金額	235,496	円
余剰	（収入ー支出）	106,104	円

支出内訳	①食費支出	56,782	円
	②住費支出	135,251	円
	③衣費支出	14,885	円
	④他費支出	28,578	円
	合計金額	235,496	円

一致する

〜〜

Memo☆

特に目立った支出はなかった。

若干、水道光熱費が上がったが、季節的な要因である。

しっかり余剰がでたので、今月はがんばったと思う。

＊参考

おさいふ残高	クレジットカード明細表金額	口座残高
12,567 円	25,826 円	5,763,215 円

なります。

を補ったことを意味しています。黒字の額が大きい月はよくがんばったウレシイ月となります。

収入の①給与手取り金額は、給与振り込みされた金額を記載しましょう。給与明細書でいうと「振込支給額」になります。給与の他に、お祝いなどでいただいたおカネがあれば、②その他収入に記載します。①と②を足して合計金額を算出します。

支出は、週計表より、縦計である①現金支出、②クレジットカード支出、③口座引落をそれぞれひと月分集計します。そして、①と②と③を足して合計金額を算出します。収入から支出を引くと余剰になります。

支出についてもう少し詳しくまとめていきましょう。支出内訳を費別に集計します。横計である①食費支出、②住費支出、③衣費支出、④他費支出をひと月分集計し、①と②と③と④を足して合計金額を算出します。支出内訳の合計金額はもちろん支出合計額と一致します。縦計と横計を集計することにより、数字の抜け漏《も》れがないか検証ができます。

これで、週計表のひと月分の集計作業が完了します。数字が確定したら、ザックリ成績をつけましょう。その月の家計収支一覧表のタイトルの右側に3つのマークがあります。余剰が自分で考えていたよりも多かったら「がんばりました！」、普通だったら「まあまあでした」、少なかったら「ざんねんでした…」の顔マークを丸でぐるっと囲みましょう。

Ｍｅｍｏは、その月に起こった印象的な出来事や、特殊事項があったらその内容などを簡潔に記しておきます。このＭｅｍｏも時間が経過した後で見直してみると貴重な史実となります。面倒がらずにこまめに書き記しておくことをお勧めいたします。

一番下の参考部分の左端の欄には、月末時点のおさいふの残高を記します。これは、手持ちの現金が毎月月末時点でいくら残っているのか確認するための作業です。集計した家計収支と連動しているわけではありませんが、手元の現金残高を自分の手で数えて、目で見ておくことが、金銭感覚を磨《みが》く手段として有効ですので習慣づけるとよいでしょう。

参考の真ん中の欄には、その月に発行されるクレジットカード明細一覧表に記載されている請求金額を記します。こちらの数字もクレジットカードのひと月分の支出金額と一致しているわけではありませんが（お店によって締日が異なるので一致することのほうが稀《まれ》です）、翌月に口座から引き落とされる金額なので、おカネが出ていくイメージを持つことができます。毎月繰り返していくうちに、「先月は少なかったのに今月は金額が大きくなった。増えてしまった理由はこの買い物をしたからだ」と、すぐにその理由が自分で説明できるようになります。金銭感覚が磨かれていることが自覚できるようになるでしょう。

参考の右端の欄には、月末の口座の預金残高を記します。預金残高を毎月把握しておくと、おカネの増減の理由が経験的に理解できるようになるので、自制心をもって経済活動をするようになります。

このように、月末に家計ノートをまとめて様々なデータを書き込むことによって、格段に意識が高まりおカネの使い方が洗練されていきます。少なくとも半年くらい続けてみると、その効果が表れ始めてきますので、飽《あ》きずに家計ノートをつけてみてください。

第3章

家計ノートで全身チェック！
家計美容で家計磨き♪

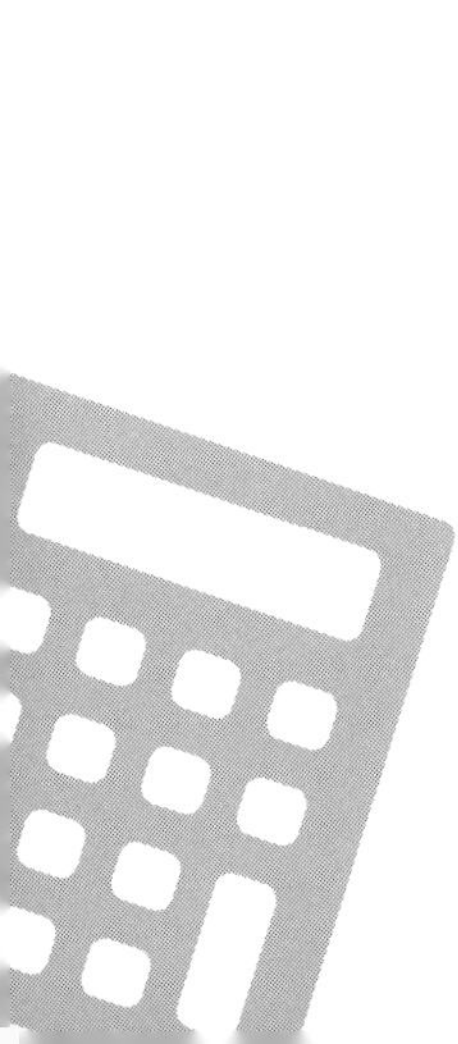

家計ノートは全身（世帯）を映す鏡である

家計ノートは、経済活動の記録であることが第2章を読んでおわかりいただけたことと思います。家計ノートを読み解けば等身大のアナタの姿が自《おの》ずと浮かび上がってきます。つまり、家計ノートはアナタの世帯を映し出す鏡なのです。日々の積み重ねが今のアナタを形成しているのですから当然といえば当然ですね。

毎日鏡で身だしなみを整えるように、家計ノートでアナタの世帯を全身チェックしましょう。家計ノートはつけて終わりではありません。家計ノートをチェックし、家計をどのようにケアしていくかによって、今後の生活のあり方が見えてきます。

家計ノートをつけるというこの絶好の機会に、家計そのものを美しくしていきましょう。

家計を美しくしよう

「家計を美しく」

さて、どのようにふるまえば家計が美しくなるのでしょう。実はそんなに難しいことではありません。美容に関して自分に気遣うように、家計にも同じように接すればよいのです。家計美容の実践方法は、いたってシンプルです。ダイエット・デトックス・メイク・スキンケアといった一般的な美容方法と考え方は同じです。

次のように理解するとよいでしょう。

家計美容の実践方法

・ダイエット…不要なものは買わない。無駄遣いしない。

・デトックス…不要なものは捨てる。整理整頓する。

・メイク…厚化粧にしない。

↓粉飾《ふんしょく》しない（盛りすぎない、見栄を張らない）

どすっぴんに気をつける。

↓過少申告しない（支出があったことを隠したりしない）

ナチュラルに仕上げる。

↓家計ノートは見やすく体裁を整える
・スキンケア…保湿力を高める。
↓潤《うるお》いのある生活で豊かな心を持てる
ホワイトニングする。
↓偽《いつわ》らず真実のみ記載する（家計ノートの透明性を高める）

家計美容で目指すテクスチャーは、「さっぱり」と「しっとり」です。「さっぱり」は不要なものがなく、身の回りがきれいに片付いている様子です。「しっとり」は、納得のいく買い物や行動ができて心満たされている様子です。この2つの感触を同時に実感することで豊かな生活が送れているといえます。「さっぱり」と「しっとり」をいつも感じていられるように心がけましょう。

「さっぱり」も「しっとり」もしていないのは最悪なパターンで、ダイエットとデトックスと入念なケアが必要になります。不要な買い物で散らかり放題、散財しまくりで荒れた生活を1日も早く改善しなければ、貯蓄どころではありません。

「さっぱり」しているけれど「しっとり」していないのは、我慢のしすぎです。節約

家計美容の極意	
ダイエット	不要なものは買わない
デトックス	いらないものは捨てる
メイク	家計ノートを粉飾してはダメ、過少申告もダメ ナチュラルに体裁を整える
スキンケア	保湿力を高めて潤いある生活を ホワイトニングで透明性のある家計ノートを

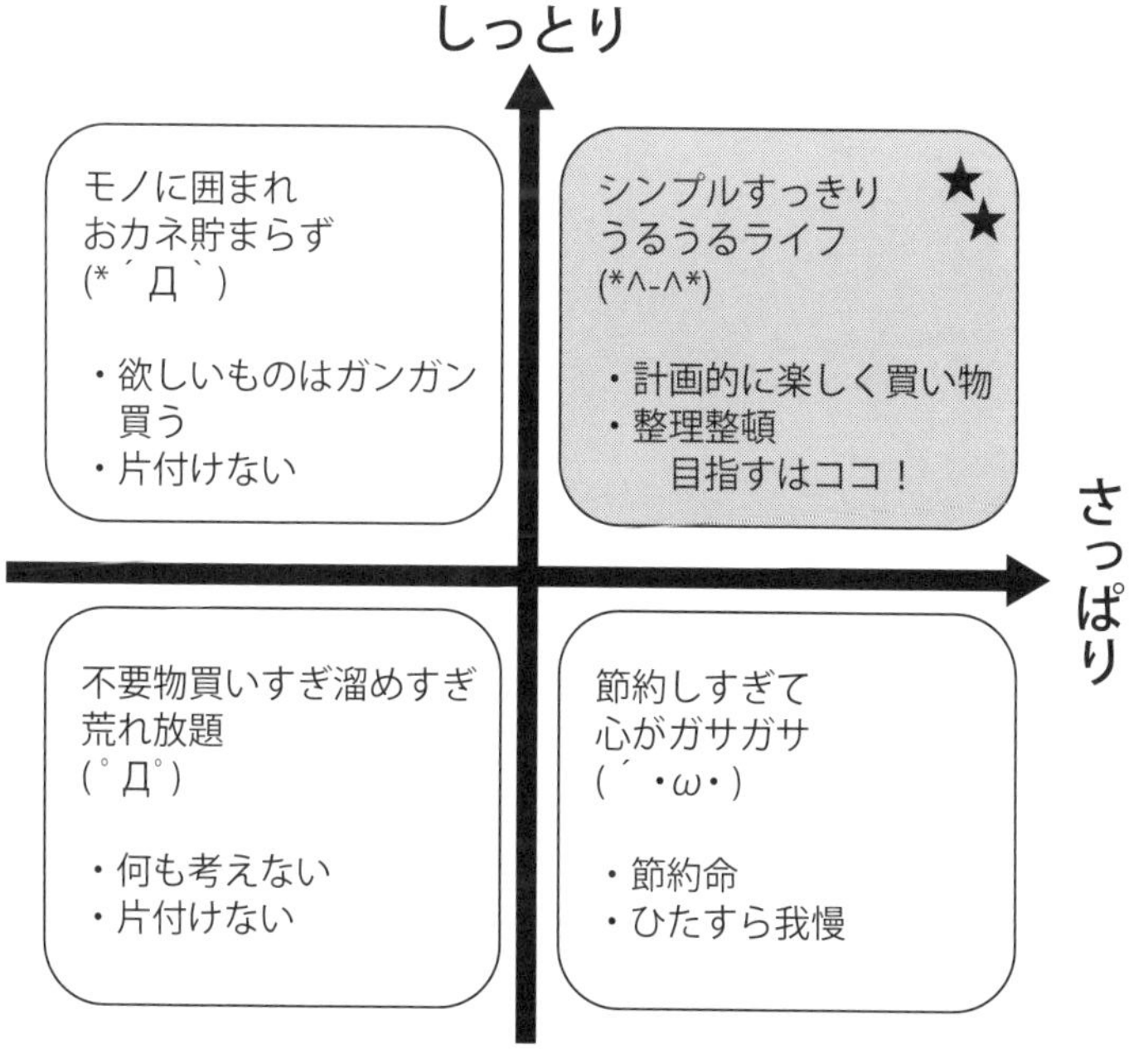

をするのはよいことですが、節約のしすぎで心が荒れてしまうのは本末転倒といえるでしょう。保湿力を高めるケアに努《つと》めることが肝要《かんよう》です。上手に買い物をする力を身につけましょう。

「しっとり」しているけれど「さっぱり」していないのは、ダイエットとデトックスが必要です。気の向くままに買い物をしていませんか？　気前のいいところを人に見せたいとか、虚栄心はありませんか？　後先考えずに散財しているとおカネは貯まりません。

いかがでしょうか。自分磨きと並行して家計磨きもがんばれそうですね。

家計ノートのチェックの仕方…家計のお手入れ方法

ここでもう一度、家計ノートのつけ方を復習しましょう。おカネの支出があった週は、週計表に費目別・支払い別にレシートを貼り付け1週分の支出金額を集計しました。そして、1ヶ月たったら、月次家計収支一覧表でその月の収入金額と支出金額及び支出内訳を集計して余剰の計算をしました。さらに参考になるMｅｍｏやおさいふ残高、その月のクレジットカード明細表金額、口座残高を記載しました。

これを1年続ければ、家計収支一覧表は12枚、週計表は50枚程度の資料となります。何度も言いますが、家計ノートはつけたらそれで終わりではありません。鏡を見ない日はないように、家計も日々のお手入れが必要です。週計表に記帳したら必ず数字が合っているか、確認をしましょう。数字の確認とともに、その時の気持ちも確認をします。家計のお手入れが上手になれば、生活にハリ・ツヤが出てきて、貯蓄にも弾《はず》みが出てきます。

それでは、家計ノートの確認の仕方、チェック方法を週別・月次別・年次別に分けて考えていきましょう。

週別チェック…週計表・週1回10分間でOKの日々のお手入れ

週計表を作成する時に気をつけなければならないことは、うっかり「どすっぴん」にならないことです。レシートのもらい忘れや紛失はもちろんのこと、この買い物は記録に残したくないと思ったとしてもきちんと家計ノートに記載します。支出の過少申告・隠《いん》ぺいはしないことです。

単独世帯（一人暮らし）であれば、自分が故意に週計表に記載しないか失念しない限り、正確性は保たれます。世帯人員が複数いる場合は、お小遣《こづか》い以外で購入したものについて、正直に報告ができる良好な関係が築けていることが大切です。配偶者や子供など家族と支出情報の開示・共有ができる状態でないと、家計ノートをつけても正しい数字は把握できません。家計を美しくするには、家族の信頼関係がしっかりできていることが大前提です。

家計ノートは家族全員が閲覧《えつらん》できるものにしたほうがよいのです。なぜならそのほうが家計に対する共通認識を持ちやすくなり、同じ目標（貯蓄）に向かって一致団結できるからです。

週計表は、1週間分まとめて週末に作成すればＯＫです（支出した日に作成することが苦痛でない人はこの限りではありません）。ぜひとも配偶者や子供と語り合いながら週計表を作成してみてください。レシートを貼り付けながらその時に起こったこと・思ったことを余白に一言メモするだけで家族の日記帳にもなります。また、たくさんの目があることにより、週計表を読みやすく作ろうという気持ちが働きます。

作成し終えた週計表は、縦計・横計が合っているか電卓をたたいて確認をします。この作業は、ご自身が週計表を作成した場合は、家族にしてもらったほうがよいでしょう。他の人がチェックをしたほうが集計ミスや計上漏《も》れなどを発見しやすくなります。この作業は10分もあれば完了します。日曜日の緩《ゆる》い時間（夕方17時半頃など）に行えば楽にできるはずです。

月次チェック…月次家計収支一覧表・月一度のお手入れ

収入のチェック

月次家計収支一覧表の収入の欄を記載する時に気をつけなければならないことは、がっつり「厚化粧」にならないことです。希望を込めて金額を水増ししてはいけません。給与の手取り金額は通帳を見ればわかります。また給与明細表をチェックすれば、正しい数字を記載できます。その他の収入は、お祝い金やお見舞金、保険金収入などを記載します。その他の収入のところで、盛りすぎないようにしてください。チェックをする人は、記載された数字の根拠を確認するようにしてください。たとえば、お祝い金をいただいたときは、ご祝儀袋に贈り主の名前と金額が記載されていることが一般的ですので、そこをチェックするとよいでしょう。確認できるものがない場合は、記載した人に聞き取りをして真実を述べているか見極めましょう。

支出のチェック

次に支出のチェックをしましょう。集計した数字が正しいか確認するのはもちろんのこと、支出内容について無駄なものはなかったか精査します。「食」「住」「衣」「他」の内訳について、家族と話し合いながら行うことが望ましいです。

購入したモノやサービスが支出した金額と見合った内容でないと感じることもあるでしょう。そういうときであっても、家族同士不穏な空気にならないように気をつけましょう。これからの経済活動をよりよくするための学習の場であったと思うようにし、前向きに話し合いをしましょう。

参考欄のチェック

【おさいふ残高欄】

おさいふの中身を月に一度ひっくり返してみましょう。隠れたレシートや使えそうなクーポン券が見つかるかもしれません。少なくとも月に一度おさいふの整理をすることで、無駄に小銭が多いとか、やっぱりお札が少ないとか気づくことができます。

また、おさいふの中身は思っている以上に個人情報であふれています。たとえば、診察券や免許証、キャッシュカードにクレジットカードにポイントカードなどなど。紛失したものはないか、期限が迫《せま》っているものはないか、確認をしてください。いらないもので財布がパンパンになっていたらきれいにしましょう。

【クレジットカード明細表金額欄】

クレジットカードを利用している場合は、月に一度、利用明細書が郵送されます。この利用明細はネット上で閲覧することもできます。週計表のクレジットカード欄に記載されている支払先と金額がこの明細書の記載と一致しているか、確認をしましょう。週計表の数字と突合《とつごう》し、抜け漏れがないか、買った覚えがないのに変な請求がされていないかチェックをします。

明細書の合計金額が翌月以降に指定口座から引き落とされます。この金額が出ていってしまうというイメージを再認識しましょう。

【口座残高欄】

月次家計収支一覧表のＭｅｍｏ欄と参考欄もチェックしましょう。参考の口座残高欄には、月末時点の口座残高を記載しますが、家計用の口座を複数持っている場合は、それぞれの残高を記載します。先月よりも増えていることを確認しましょう。

なお、通帳記帳はこまめに行うようにしましょう。数ヶ月放置してしまうと「まとめ記帳」となってしまい、いつ・どこから・いくら入出金があったか内訳がわからなくなってしまいます。インターネット通帳も金融機関や契約内容によっては、１ヶ月で内訳がわからなくなってしまいますので、面倒がらずにプリントアウトするなりして情報を保全してください。まとめ記帳になってしまった期間の内訳を知りたい場合は、該当口座の金融機関に依頼してください。１～２週間かかりますが、内訳を書面で教えてくれます。しかし、この手続きはかなり無駄な労力を要するので、こまめにＡＴＭに行くように心がけましょう。

Ｍｅｍｏ欄のチェック

Ｍｅｍｏ欄には、その月で印象に残った出来事などを記載します。たとえば、家電などの高額な買い物をしたら、購入した商品名、値段、購入先をメモしておく。香典を包むことがあったら、送り先と金額をメモする。おカネの出入りに関連することでなくても構いません。コンサートに行ったこととか、日帰り温泉に行ったこととか、大相撲の優勝力士の名前でもよいでしょう。このＭｃｍｏ欄を家族に読み直してもらって、追加する情報があれば書いてもらいましょう。

年次チェック…決算・年一度のお手入れ

企業は決算時（主に年に一度）に決算書を作成します。決算書は企業の財政状態や経営成績を示す表で、法律でその作成が義務付けられています。家計は企業ではありませんので、もちろん決算書を作る必要はありません。月次チェックがきちんとできていれば、簡単に1年を振り返ることができます。それでは、年に一度のお手入れ、年次チェックをしてみましょう。

月次家計収支一覧表から年次家計収支一覧表を作る

月次家計収支一覧表から各金額を1年分集計し、年次家計収支一覧表を作成します。月次表は毎月作成していますから、集計作業はあっという間に終わってしまいます。年次表でその年の収入・支出・余剰そして支出内訳がはっきりとわかります。この年次家計収支一覧表が家計の決算書とでもいうべきものとなります。

年次表を参考にしながら、口座残高や返済予定表を確認し、支出の多かった費目や高額な商品の購入があればピックアップします。その年の経済活動を振り返ってみてください。

年末時点の資産・負債のチェック

その年の12月31日現在で、資産と負債がいくらくらいあるのか書き出してみましょう。資産は、おカネそのもの、現金化しやすいもののことをいいます。現金・預貯金、有価証券、土地家屋、貴金属、保険積立金などがあります。負債は、住宅ローンやカーローンなどの借金で、いずれ返済するもの、つまりおカネが出ていくものです。
資産と負債の大きさをザックリでよいので比べてみてください。お祭しのとおり、

年末時点の資産と負債の表

資産	金額（円）
現金	127,984
○○銀行	5,783,901
●●信金	2,638,494
ゆうちょ銀行	839,057
土地（固定資産評価額）	15,983,000
家屋（固定資産評価額）	8,957,000
有価証券（時価）	1,294,049
保険積立金（解約返戻金の金額）	1,596,478
計	37,219,963

負債	金額（円）
住宅ローン（返済予定表より）	23,757,826
父より借入	2,000,000
計	25,757,826

資産ー負債＝純資産
＊純資産はプラスで大きいほうがよい

資産と負債のバランスは、資産が大きいほうがよいのです。負債が多すぎると返しきれなくなって、最悪破産するなんてこともあり得ます。年に一度は資産と負債のバランスを見て危機が迫っていないか確認をしましょう。

源泉徴収票のチェック

源泉徴収票は、年に一度勤務先から発行されます。この源泉徴収票は小さな紙切れのように見えますが、その年分の給与・賞与の支払金額、社会保険料の支払金額、所得税の支払金額などが記載されている重要な書類です。

まずは、年末調整がされているかチェックします。年末調整済みだと、源泉徴収票には、「給与所得控除後の金額」と「所得控除の額の合計額」の欄に数字が入っています。その下に配偶者や扶養親族の情報を記載する欄があります。該当する人の情報が入っているか確認しましょう。生命保険や地震保険などに加入していて、保険料控除証明書を会社に提出していたら、中段にその旨の記載があります。

源泉徴収票をながめてみて、記載に間違いや抜け漏《も》れがあったり（会社に頼んで年末調整のやり直しをすることもあります）、年末調整をしていなかった場合は、確定

平成 28 年分　給与所得の源泉徴収票

支払を受ける者	住所又は居所	東京都千代田区富士見・・・	(受給者番号)
			(役職名) 社員
			氏名 (フリガナ) ○○ ××
			○○ ××

種別	支払金額	給与所得控除後の金額	所得控除の額の合計額	源泉徴収税額
給料・賞与	5 000 000	3 460 000	1 547 070	97 600

控除対象配偶者の有無等 有	従有	老人	配偶者特別控除の額	控除対象扶養親族の数（配偶者を除く。）特定	老人	その他	16歳未満扶養親族の数	障害者の数（本人を除く。）特別	その他	非居住者である親族の数
○										

社会保険料等の金額	生命保険料の控除額	地震保険料の控除額	住宅借入金等特別控除の額
707 070	80 000		

(摘要)

生命保険料の金額の内訳					
新生命保険料の金額	50,000	旧生命保険料の金額		介護医療保険料の金額	20,000
新個人年金保険料の金額		旧個人年金保険料の金額	30,000		

住宅借入金等特別控除の額の内訳			
住宅借入金等特別控除適用数		居住開始年月日(1回目) 年 月 日	住宅借入金等特別控除区分(1回目)	住宅借入金等年末残高(1回目)
住宅借入金等特別控除可能額		居住開始年月日(2回目) 年 月 日	住宅借入金等特別控除区分(2回目)	住宅借入金等年末残高(2回目)

控除対象配偶者	(フリガナ) ○○ △△ 氏名 ○○ △△	区分	配偶者の合計所得	国民年金保険料等の金額	旧長期損害保険料の金額

控除対象扶養親族	(フリガナ) 氏名	区分	16歳未満の扶養親族	(フリガナ) 氏名	区分
1			1		
2			2		
3			3		
4			4		

未成年者	外国人	死亡退職	災害者	乙欄	本人が障害者 特別	その他	寡婦 一般	特別	寡夫	勤労学生	中途就・退職 就職	退職	年	月	日	受給者生年月日 明	大	昭	平	年	月	日
																		○		61	10	31

(受給者交付用) 支払者		
	住所(居所)又は所在地	東京都千代田区・・・
	氏名又は名称	株式会社・・・　(電話) 03-0000-0000

申告をします。

確定申告要否のチェック

サラリーマンで確定申告が必要なケースは、給与収入が２０００万円を超える場合、1年目に住宅ローン控除を受ける場合、医療費控除・寄付金控除などを受ける場合、会社に申告し忘れた生命保険・地震保険料控除、配偶者控除・配偶者特別控除・扶養控除を受ける場合などがあります。

通常、サラリーマンは会社で年末調整をするので確定申告は不要です。しかし、家計ノートに医療費や寄付に係る支出の記載がある場合は、確定申告で医療費控除や寄付金控除を行い、納め過ぎた所得税の還付を受けたほうがお得であると判断できます。

病院の領収書、調剤薬局の領収書、風邪薬などの市販薬の領収書の合計金額が10万円を超えるようでしたら、医療費控除の適用の有無を検討しましょう。またふるさと納税などで２０００円以上寄付をしていたら、一定の条件のもと寄付金控除を受けることができます。

予算案

支出	予算額（円）	収入	予算額（円）
食費	600,000	給与収入（手取り）	4,100,000
住費	1,400,000	その他収入	100,000
衣費	350,000		
他費	550,000		
支出合計	2,900,000		
		収入合計	4,200,000

収入－支出＝余剰
1,300,000円
＊余剰はプラスで大きいほうがよい

注：他費にはレジャー費10万円含む
　　なにかイベントの予定があったら注記する

確定申告をして所得税の還付《かんぷ》を受けることを還付申告といいますが、確定申告期間（2月16日から3月15日まで）とは関係なく、その年の翌年1月1日から5年間提出できますので、過去の分も見直すなどして、じっくり検討するとよいでしょう。

次年度予算編成…夢ある計画を立てよう

年次チェックが終了する頃には、充分にその年の経済活動について反省をしていることと思います。その反省を生かし、次の年は明るく晴れやかに過ごせるよう、大まかな計画を立てます。国会でも予算を作るように、家計でも予算を作ってみましょう。

この予算編成は、緊縮財政のようにタイトなものにする必要は全くありません。そして予算どおりにきっちり行動しなければならないという強制力があるモノでもありません。

家計の予算編成は、むしろ少しでも夢がある内容にしたほうが、前向きで楽しい生活が送れるのではないかと思います。たとえば、予算の中にレジャー費を盛り込んでみるとか、ほんのちょっとでもわくわくするものを予算に組み込んでみてください。そのわくわくするものは実現可能性が高いものにしてくださいね。

家計の保湿力を高めて、心豊かに生活しましょう。めざすは、「さっぱり」と「しっとり」ですよ。

第Ⅱ部　応用編　ハイブリッド家計資産管理法

第4章　知ってよかった！　家計ノート活用術

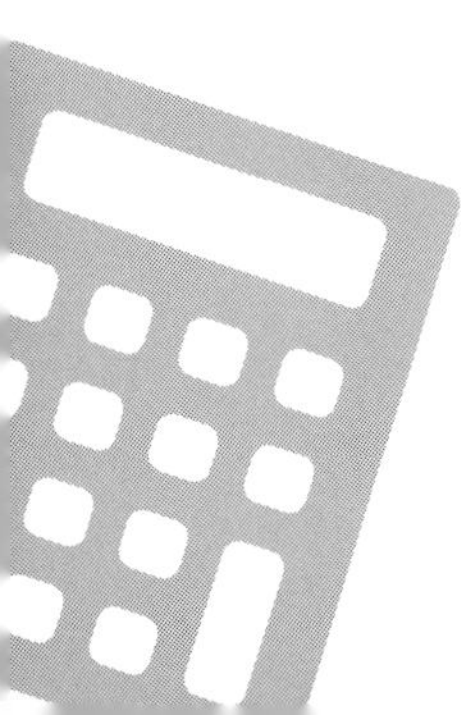

家計ノートに慣れたら次のステップへ

家計ノートをつけることに抵抗がなくなってきたら、金銭感覚が以前より洗練されてきたと考えられます。レシート類を家計ノートに貼り付けることにより、おカネが出ていく感覚が肌でわかるようになったことでしょう。月次チェックや年次チェックを何度か経験するうちに、自分がなすべき経済活動について自然に考えるようになり、無駄な支出が減っていることに気づくことでしょう。

金銭感覚が身につき支出管理ができるまでにレベルがアップしたら、次のステップへ進んでみましょう。家計ノートを少しアレンジして資産管理にチャレンジです。

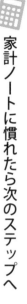

家計ノートは簡単な帳簿だった

家計ノートは「収入－支出＝余剰」という計算式で収支計算をします。収支だけに注目した計算方法を会計学では単式簿記といいます。家計ノートはおカネの出入りについて記載する帳簿です。経験的にもうご存じだとは思いますが、簡単な仕組みで誰にでも理解しやすいお小遣い帳のようなものです。

簡単である半面、実はこれだけでは家計の動きを瞬時に理解することは困難です。単式簿記ではおカネが出ていったことはわかりますが、その後おカネから変わったものがどのように変化していったのかまでは長期間追いかけることができないのです。たとえば、食料品のように、購入したらすぐに食べてしまい手元に残らないものであれば、支出したおカネが食料品に代わり、料理して食して消化されて排泄《はいせつ》されるという流れがわかります。

しかし、食料品を保存する冷蔵庫を購入したらどうでしょうか。冷蔵庫は高額で10年近く使用する家電です。購入してすぐに使い切ってしまうものではなく、何年にもわたって使い続けるシロモノです。このように長期にわたって使用される商品のことを、経済学チックにいうと「耐久消費財」といいます。そして会計学チックにいうと「固定資産」といいます。固定資産は、使用や経年によって、その価値が減少していきます。その価値の減少分のことを「減価償却費」といいます。

家計ノートでは、固定資産の価値の減少分である減価償却費がいくらであるのか、把握することができません。冷蔵庫という固定資産を購入した時におカネが支出されるので購入金額はわかりますが、価値の減少分についておカネは出ていかないので当然家計ノートに計上することがないからです。また固定資産を保有していることを家計ノート上で表すことも単式簿記だとできません。つまり、家計ノートでは支出管理はできるけれど、資産管理まではできないということです。

家計は「単式簿記」、企業は「複式簿記」

家計ノートは「単式簿記」を使っています。一方、企業では、後述しますが、「複式簿記」を使って、日々の業務の記録・記帳をしています。それならば、家計も企業と同じ方法で家計ノートを作ればよいではないか、と思う人もいるかもしれません。

企業では、経理部門の担当者が会計業務を専門に行っています。この業務を家計で企業と同じように行うことは少し無理があります。

では、複式簿記とはどのようなものでしょうか。簡単に説明してみましょう。

複式簿記のルール

「簿記」とは、帳簿記入の略ともいわれています。英語で簿記はBookkeepingといいます。必要なことは帳簿（Book）に記入して持っておく（Keeping）のです。簿記は世界で使われている会計の共通言語です。ルールも全く同じ世界共通、違うのは文字だけです。グローバルなこの世の中、覚えておいて損はないでしょう。

複式簿記は、複数の勘定科目を使って左と右に分けて記録をします。この左右に分ける作業のことを「仕訳」といいます。左側のことを「借方（かりかた）」、右側のことを「貸方（かしかた）」といいます。単式簿記では、おカネの収支のみに注目していましたが、複式簿記では、資産・負債・純資産・収益・費用の5つのカテゴリーに分けて考えます。

資産と費用が増えると借方に、減ると貸方に記載をします。負債と純資産と収益が増えると貸方に、減ると借方に記載をします。たったこれだけのルールです（次ページの表「ルールは5つのパターン」参照）。

５つのカテゴリーと勘定科目の例

(借方)　　　　　　　　(貸方)

資産	負債
・現金 ・預金 ・土地 ・建物 ・車両 ・家財道具 ・有価証券 ・保険積立金 など	・住宅ローン ・カーローン ・クレジット ・借入金 など
	純資産
	・正味財産
	収益
費用	・給与収入 ・その他収入
・食費 ・衣費 ・住費 ・その他費用 など	

ルールは５つのパターン

借方に記入するもの	貸方に記入するもの
資産＋	資産－
負債－	負債＋
純資産－	純資産＋
収益－	収益＋
費用＋	費用－

＋は増加・発生、－は減少・取消を表す

食料品と冷蔵庫の例で複式簿記を考える

4月1日に食料品500円分を現金で購入したとしましょう。複式簿記では、この時の買い物を「食費」と「現金」に分けて考えます。
借方に費用である「食費」が５００円かかったことと、貸方に資産である「現金」が５００円出ていったことを「仕訳」して表します。この仕訳を見ると、食料品を５００円分買ったために、現金５００円を使ってしまったことがわかります（Ｐ92の表４月１日の仕訳参照）。

では次に、４月５日に18万円の冷蔵庫をカード払いで購入したとしましょう。このときの仕訳は、借方に資産である「家財道具」が18万円分増えたこと、貸方に負債である「クレジットカード」による支払いが18万円分増えたことを表しています。冷蔵庫は１年を越えて使用するものですので、会計上は「固定資産」に該当します。またクレジットカードは後日指定口座から引き落とされる未払金ですので負債に該当します（Ｐ92の表４月５日の仕訳参照）。

５月10日に指定口座から18万円のクレジットカードの引き落としがありました。ここではクレジットカードの負債が減少し、普通預金という資産が減少したことを示す仕訳をします。つまり、借方に負債であるクレジットカードを記載し、貸方に資産である普通預金を記載し、それぞれ18万円の金額を記載します（Ｐ93の表５月10日の仕訳参照）。

12月31日に決算日を迎えます。４月に購入した冷蔵庫は９ヶ月間使用し、来年以降も使う予定でいます。冷蔵庫は購入した時よりも使用したことと経年によりその価値は減少しています。冷蔵庫の価値がどれだけ減少したのか減価償却費の計算をして確認してみましょう。

定額法という簡単な計算方法（取得価格÷耐用年数×使用月数÷12ヶ月）で数字を出してみます。冷蔵庫の取得価格は18万円、耐用年数は６年、使用月数は９ヶ月です。耐用年数は、固定資産を使用できる期間を大まかに定めた年数のことをいいます。計算式に当てはめると、減価償却費は、18万円÷６年×９ヶ月÷12ヶ月＝２万２５００円となります。

仕訳は、９ヶ月間使用したことによる価値の減少分を減価償却費という費用の発生として考えるので、借方に減価償却費、貸方は冷蔵庫の価値が減っているため資産の家財道具を償却分減額します（Ｐ95の表12月31日の仕訳参照）。

冷蔵庫の12月31日時点の帳簿上の価額は15万７５００円となります。毎年、その価値は減少し、６年を経過するとほとんど価値はなくなります。減価償却が終わっても、冷蔵庫の帳簿価格はゼロとはせず１円残しておきます。価値が減っても使っているうちは冷蔵庫がありますよということを備《び》忘録《ぼうろく》として示しておくのです。価値の減少とともに、買い替えの時期などの予想ができ、いざ買い替えの時に資金がショートしないよう備えておくことができます。

このように、複式簿記を用いると資産の管理がしやすくなります。

4月1日　食料品500円分を現金で購入した。

借方		貸方	
食費	500	現金	500

食費を現金で払った
（取引が2つ以上ある：
取引の二重性）

500円のものを買い500円払った
（借方も貸方も金額が一致する）

2つ以上の勘定科目に分けて記録するから複式簿記！
＊500円の費用が発生し、500円の資産が減った！

4月5日　180000円の冷蔵庫をクレジットカードで購入した。

借方		貸方	
家財道具	180,000	クレジットカード	180,000

＊180,000円の資産が増えて、180,000円の負債が増えた!

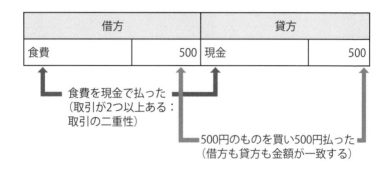

5月10日　指定口座から180,000円のクレジットカードの引き落としがあった。

借方		貸方	
クレジットカード	180,000	普通預金	180,000

＊180,000円の負債が減って、180,000円の資産も減った!

12月31日　冷蔵庫を9ヶ月間使用したので減価償却費を計上する。

借方		貸方	
減価償却費	22,500	家財道具	22,500

減価償却費の計算（定額法）

冷蔵庫の価格		冷蔵庫の耐用年数		使用月数		
180,000円	÷	6年	×	9÷12	＝	22,500円

＊22,500円の費用が発生し、22,500円の資産が減った！

複式簿記のゴール

複式簿記のルールに従って仕訳を作り帳簿をつけたら、その集大成として少なくとも年に一度、決算書を作ります。これが複式簿記のゴールです。決算書は、決算日の財政状態を示す「貸借対照表」と、その期間の営業成績を示す「損益計算書」から成り立っています。

次ページの表の決算書をご覧ください。簡単にこちらの表の説明をします。数字は小さくしていますが1年分としてお考えください。

貸借対照表

(借方)　　　　　　　　　　　　　　　　　　(貸方)　(円)

資産	金額	負債	金額
現金	156,500	クレジット	50,000
普通預金	286,000	純資産	金額
家財道具	157,500	正味財産 (うち当期余剰	550,000 100,000)
資産合計	600,000	負債・純資産合計	600,000

損益計算書

(借方)　　　　　　　　　　　　　　　　　　(貸方)　(円)

費用	金額	収益	金額
食費	150,000	給与収入	500,000
衣費	36,500		
住費	81,000		
他費	110,000		
減価償却費	22,500		
当期余剰	100,000		
合計	500,000	合計	500,000

家計収支一覧表　(円)

収入		500,000
支出		
(内訳)	食費	150,000
	衣費	36,500
	住費	81,000
	他費	110,000
	冷蔵庫	180,000
	合計	557,500
余剰		−57,500

損益計算書は成績表

損益計算書は、企業の活動が儲《もう》かったのか損をしたのか、その年の営業成績を示す表です。家計は儲けることを前提に活動しているわけではないので、少し馴染《なじ》みづらいかもしれません。家計収支一覧表に似ていますが、おカネの動きだけに注目していないところが異なります。

表の損益計算書をご覧ください。貸方は、収益の欄に給与収入50万円を計上しています。これが1年分の収入の合計金額であるとします。

借方は、費用を計上する欄です。それぞれの費用の1年分の合計金額が集計されています。

つまり、食費15万円＋衣費3万６５００円＋住費8万１０００円＋他費11万円＋減価償却費2万２５００円＝40万円が費用合計です。家計収支一覧表には出てこない減価償却費が計上されていることが特徴です。収益50万円と費用40万円の差額10万円が当期余剰として計上されます。この当期余剰も家計収支一覧表の余剰とは異なります。

家計収支一覧表のベースで計算すると、収入50万円－支出55万７５００円＝－５万７５００円となり、その年は赤字になります（表参照）。損益計算書（営業成績を示す表）と家計収支一覧表（おカネの出入りを示す表）はそもそもその目的が違います。損益計算書からおカネの流れまでは残念ながら把握できないのです。複式簿記でおカネの流れを把握するには、資金繰り表などを新たに作る必要があります。

貸借対照表は財政状態を示す表

貸借対照表は財政状態を示す表で、借方に資産、貸方に負債と純資産が集約されています。資産は、現金・預金・土地・建物・車両・家財道具などの財産を表します。負債は、住宅ローンやクレジットカードの未払金などの借金で、純資産は資産と負債の差額を表しています。当然、純資産が大きいほうが、財政状態が良好であると判断することができます。

Ｐ95の貸借対照表をご覧ください。

借方の資産の欄は資産の種類ごとに、現金の残高15万６５００円・普通預金の残高28万６０００円、そして、減価償却後の家財道具の残高15万７５００円を計上しています。これらの資産の合計金額は60万円であることがわかります。

また、貸方の負債の欄には、クレジットカードの未払残高５万円を計上しています。同じく貸方の純資産の欄は「資産－負債」を単純に示す正味財産５万５０００円（資産合計60万円－負債合計５万円）が計上されています。これは、負債を全額返済しても純資産分の余裕がありますよ、ということを表しています。

ちなみに正味財産には損益計算書で計算した当期余剰も含まれます。この例では、正味財産55万円のうち10万円が当期余剰です。損益計算書と貸借対照表にはこのように密接な関係があります。

複式簿記を使わなくてもひと手間かければ資産管理はできる

複式簿記で決算書を作れば、貸借対照表から資産と負債がそれぞれいくらあるのか一目でわかります。返すべき借金がいくら残っているのか、返すあての預貯金がいくら残っているのかはっきり数字で示されているからです。また、家財道具や車両なども、年々その価値が減少していく様子がわかるので、そろそろ買い替えのタイミングが近づいてきたな、など大きな買い物をする際の計画も立てやすくなります。

複式簿記で家計ノートを作ることは可能ですが、単式簿記よりも煩雑なので、お手軽にできるものではありません。

本書では家計収支一覧表の書き方を少し工夫して、資産管理まで行えるようにします。そのために、家計用の貸借対照表を作る必要があります。貸借対照表は借方と貸方を対照して、貸借が必ず一致している（バランスしている）ので、「バランスシート」ともいわれています。以下、貸借対照表のことをバランスシートと呼ぶことにします。

家計のバランスシートを作ってみよう

それでは、家計のバランスシートを作ってみましょう。参考になる資料は、「年次家計収支一覧表」です。第3章の年次チェックのやり方を思い出してください。月次表から年次家計収支一覧表を作成し、年末時点で資産・負債のチェックをしましたね。同じような要領で行いますので簡単にできると思います。

用意する資料は、資産に関連するものでいうと、預金通帳・土地家屋の固定資産税の納税通知書・証券会社等から郵送される取引残高報告書・解約返戻金のある保険証書・自動車の車検証・家財道具一覧表（自分で作成）など、負債に関連するものでいうと、ローンの返済予定表・クレジットカードの支払通知書などがあります。

これらの資料をもとに、家計のバランスシート（表参照）に記入をしていきます。現金や預貯金の残高はすでに年次家計収支一覧表に記載済みですので、こちらを参照してください。

家計のバランスシート

平成○年12月31日現在　　　　（単位：円）

資産	金額	負債	金額
現金	256,780	住宅ローン	23,000,000
普通預金	3,567,289	クレジットカード	50,000
定期預金	2,009,638	その他借入金	350,000
定期積金	600,000		
有価証券	574,800		
保険積立金	1,275,840		
土地	9,754,000	負債合計	23,400,000
建物	12,537,000	純資産	金額
車両	1	正味財産	7,986,971
家財道具	811,623	純資産合計	7,986,971
資産合計	31,386,971	負債・純資産合計	31,386,971

土地家屋を所有している場合、毎年5月に市役所から固定資産税の納税通知書が届きます。土地や建物の金額は、この通知書に記載されている「固定資産評価額」になります。

有価証券を所有している場合、記載金額は時価評価額になります。証券会社などから年末に郵送されてくる取引残高報告書に記載されている評価額の合計額を計上してもよいでしょう。ネット上でも確認ができる場合がありますのでチェックをしてみてください。

満期返戻金のある保険に加入している場合、解約返戻金がいくらになるのか確認をします。

つまり「今解約をしたらいくら返ってくるのか」という金額をバランスシートに計上します。保険会社から参考資料として通知が送られてくることもありますし、また、ネットで確認できるところもあるようです。保険の見直しをしたことがない人は、この機会に保険会社に問い合わせをして、洗い出してみるとよいでしょう。

車やバイクなどを所有している場合、購入した時の注文書など金額がわかるもの、車検証から初度登録年月を確認します。購入金額がわからない場合はおおよその金額を思い出してください。車両も減価償却費を計上して、使用や経年による価値を減らしていきます。

車両の耐用年数は、普通自動車6年・軽自動車4年・二輪車3年とします。中古で購入した場合は、その耐用年数の半分とします。ただし、初度登録年月があまりにも古い場合（たとえば10年以上経過しているとか、走行距離が相当多いなど）は、修繕費などの維持費もかかり、買い替えなければならないかもしれないので、備忘録《びぼうろく》として1円計上するにとどめましょう。

家財道具は、どこの家庭でも普通にあるものです。テレビや冷蔵庫などの家電、給湯器などのガス設備や高級な家具などが該当します。「資産性」ということを鑑《かんが》みて、10万円以上で購入したものを家財道具と考えるとよいでしょう。

家財道具をいつ・いくらで買ったのか、時の経過とともにその記憶はあいまいになってきます。そう、今まではそうでした。だけどこれからは、家財道具一覧表を作ってしっかり管理します。

次ページの家財道具一覧表をご覧ください。この書式を参考に一覧表を作っていきましょう。

家財道具一覧表は、最初に作る時だけ苦労するかもしれませんが、その後は簡単に更新できると思います。まずは、家の中を見渡して、10万円以上で購入した家財道具をピックアップします。できればメーカーについても一緒に確認します。そして、購入した年月と金額がわかるものがあればそれに越したことはありませんが、ない場合は、過去の記憶からおおよその数字を導き出してください。おおよその購入金額と購入年月から過去の減価償却費を計算します。

耐用年数は、一般的な家電は6年、家具は8年、パソコンは4年、設備関連は10年

使用月数（月）	減価償却費	減価償却累計額	簿価	備考
9	22,500	0	157,500	本年度購入
12	25,500	8,500	119,000	
12	17,500	8,750	78,750	
12	45,900	57,375	172,125	
12	25,800	49,450	79,550	
12	18,690	39,249	54,201	
12	20,750	74,354	29,396	
12	0	107,999	1	H26償却終了
12	25,800	124,700	107,500	
3	1	146,999	0	*買い替えにつき廃棄
12	13,600	108,800	13,600	次年度償却終了予定
	216,041	726,176	811,623	

（H28.12.31現在）

減価償却費の計算方法

購入金額÷耐用年数×使用月数÷12ヶ月

前年以前の減価償却費をすべて足した合計金額です

簿価の計算方法

購入金額－減価償却費－減価償却累計額

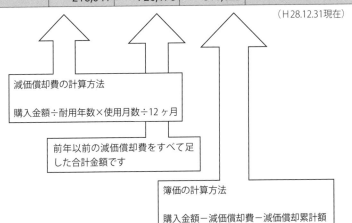

家財道具一覧表（購入価格10万円以上のもの）

名称	メーカー	取得年月	購入金額（円）	耐用年数（年）
冷蔵庫	目立	H28.4	180,000	6
エアコン（居間）	四菱	H27.9	153,000	6
エアコン（寝室）	ダソキン	H27.7	105,000	6
テレビ	Pamasonic	H26.10	275,400	6
洗濯機	Yoshiba	H26.2	154,800	6
ブルーレイレコーダー	Pamasonic	H25.12	112,140	6
オーブンレンジ	ジャープ	H24.6	124,500	6
ノートパソコン	Zony	H23.4	108,000	4
給湯器	モーレツ	H23.3	258,000	10
冷蔵庫	目立	H21.8	147,000	6
ビルトインコンロ	レンナイ	H20.1	136,000	10
合計			1,753,840	

*家財道具を廃棄したときは、前年の簿価（この例だと1円）を減価償却費に計上し、今年の簿価はゼロ円になります。

耐用年数は次のように設定します

一般家電は6年
家具は8年
パソコンは4年
電気・ガス・給湯設備は10年
普通自動車は6年
軽自動車は4年
二輪車は3年

と考えます。

たとえば、表のビルトインコンロは、平成20年1月に13万６０００円で購入しました。平成20年から平成27年末までに経年と使用で減少してしまった価値の価額を計算します。毎年、１万３６００円（13万６０００円÷10年×12ヶ月÷12ヶ月）が減価償却費として計上されます。前年までの減価償却費を合計したものを「減価償却累計額」といいます。このビルトインコンロの場合ですと、平成20年から平成27年までの８年間で１万３６００円×８年＝10万８８００円が減価償却累計額になります。

今年の減価償却費を計上し、家計ノート上の価額を算出します。この価額を「簿価」といいます。ビルトインコンロの簿価は購入金額13万６０００円から今年の減価償却費１万３６００円と減価償却累計額10万８８００円を差し引いた１万３６００円となります。来年で償却が終わることが、この表からわかります。来年の償却の時は、簿価が１円となるように備忘録《びぼうろく》として残しておいてください。このことからそろそろ買い替えの時期にきていることがわかります。またずっと備忘録１円のまま使い続けることができる家財道具は、物持ちがよくお買い得なものだったこともわかるでしょう。

今年から新しく購入した家財道具については、家計ノートを調べれば、いつ・どこで・いくらで購入したのかわかります。月次家計収支一覧表のＭｅｍｏ欄に記載があるはずです。そして、そのレシートは週計表に貼ってあるのですぐに確認ができますね。

こうして作成した家財道具一覧表の簿価の合計額をバランスシートに書き写します。この一覧表は毎年ブラッシュアップをしていきます。エクセルなどで管理するとよいでしょう。

このほかに、資産価値のあるもの、たとえば貴金属などを有していたら、「もし売れたらいくらになるのか」おおよその時価評価額を出してバランスシートに記入してください。

資産の種類別の金額を書き出したら、資産の合計金額を出してください。

次は、負債の確認です。住宅ローンやカーローンがあれば、金融機関の返済予定表がお手元にあることでしょう。12月末現在の借入残高を返済予定表から拾います。クレジットカードの未払金については、カード会社からの通知書（請求書）やＷｅｂサイトの明細を参照してください。また、それらの詳細は、11月と12月の週計表から一つ一つ確認することができます。このほかに、口約束などで借りているものについても書き出しましょう。すべての負債の書き出しが終わったら、合計金額を出してください。

資産合計と負債合計がわかったので、純資産である正味財産を計算します。資産合計から負債合計を引いてください。これが正味財産です。この数字を書き入れて、負債・純資産合計を記入すればバランスシートの完成です。

役に立つハイブリッド家計ノート

週計表、月次家計収支一覧表、年次家計収支一覧表、バランスシート、家財道具一覧表をひととおり作成してみていかがでしたでしょうか？　初めての作業に戸惑いを感じた方もいらっしゃるかもしれませんが、何度か数をこなしていくうちにルーチン化するので心配には及びません。これらの帳簿は単式簿記で作成しているので、企業の決算書のように、損益計算書と貸借対照表が当期純利益（本書の例では当期余剰としました）でつながっているわけではありません。家計用の帳簿は、いろいろな情報を集約した、いわばハイブリッドです。しかし、このハイブリッド家計ノートが家計を健全に営むための便利なツールとして役に立つのです。そしてまた、思いがけないシーンで役に立つこともありうるでしょう。

いつかくる相続のことをちょっと考えてみる

あまり前向きに考えることではないですが、いつか相続のことを考える時がきます。その時に、家計ノートが役に立ちます。

次ページの主な相続手続きのフローをご覧ください。

相続が始まると、悲しみに暮れる間もなく様々な手続きをしなければなりません。しかも、その手続きには期限が定められています。

まず、相続があったことを知った日から3ヶ月以内に、相続をするのか相続放棄するのか決めなくてはなりません。そのために被相続人の相続財産を洗い出す必要があります。

相続財産には、プラスの財産（資産）とマイナスの財産（負債）があります。負債のほうが大きければ、相続放棄をしたほうがよいかもしれません。それをいち早く判断するために、家計のバランスシートが役に立ちます。家計のバランスシートは世帯単位ですが、ここから被相続人名義になっているものや被相続人固有の財産をピックアップして、相続財産目録を素早く的確に作ることができます。この相続財産目録を参考に相続をするのか相続放棄をするのか検討します。

相続財産目録はバランスシートに似ていますね（P113参照）。

相続をする場合、相続人が複数いたら、話し合いで遺産を分けなければなりません（遺言があったらそれに従います）。これを遺産分割協議といいます。協議の際に相続財産目録を参照していることはいうまでもありません。話し合いがまとまったら遺産分割協議書を作成して、印鑑証明書をつけて自署押印をします。

さらに、遺産の総額が相続税の基礎控除額を超えていた場合、相続税の申告をしな

主な相続手続きのフロー

タイムテーブル	手続き
被相続人の死亡	相続開始
↓	葬儀
7日以内	死亡届の提出
↓	口座の凍結
すみやかに	公共料金支払いなどの名義変更
↓	遺言書の有無の確認
3ヶ月以内	相続人の確定
↓	相続放棄または限定承認
4ヶ月以内	準確定申告
↓	遺産分割協議・相続登記
10ヶ月以内	相続税の申告・納付
↓	未分割の場合の特例適用期限（申告期限より3年以内）
3年以内	生命保険金の請求（かんぽ生命は5年）

くてはなりません。

相続税の税負担は重くて大変というイメージがありますが、納税者の負担を軽くする特例があります。

主な特例として、算出された相続税を軽減する「配偶者の税額の軽減」と遺産の金額を軽減する「小規模宅地の評価減」があります。

配偶者の税額の軽減は、配偶者の遺産相続分が法定相続分か1億6000万円のどちらか多い方の金額以下である場合には、配偶者は相続税がかからない制度です。

小規模宅地の評価減は、被相続人が事業用や居住用に使っていた宅地の評価を減額する制度です。

よく使われているのが、特定居住用宅地等の減額です（適用を受けるには様々な条件があります）。大まかにいうと、被相続人が居住していた土地の評価については、330㎡まで80％の評価減をしますという制度です。

これらの特例を受けることにより納めるべき相続税額が少なくなります。特例の適用を受けなければ税額が発生するケースであっても、特例を受けることによって相続税額がゼロになることもあります。

ただしこれらの特例を受けるには遺産分割協議が終わっていることが条件の一つとして挙げられています。また期限内に申告を行うことが求められています。相続税の申告期限は相続開始日から10ヶ月以内ですので、遺産分割協議はそれよりも前に終わっていなければなりません。

したがって、相続財産を早く確定することが、相続人にとって有利に働きます。そのために、家計のバランスシートが一役買っているのです。

相続財産目録（平成　　年　　月末日　現在）

1　不動産

番号	所在　種類　面積等	固定資産評価額

2　預貯金　現金

番号	金融機関名　口座番号	種類	残高（金額）	備考（変動事項等）
	現金・預貯金総額		円	

3　その他の資産（保険契約、株券、各種金融資産等）

番号	種類（証券番号等）	金額（数量）	備考（変動事項等）

4　負債

番号	種類（債権者）	金額（数量）	備考（変動事項等）
	負債総額	円	

まさかの事態（離婚）について考えてみる

そんなことは考えなくてもいいのかもしれませんが、まさか思いがけず離婚なんて事態も起こりかねないので、少しだけお話ししておきます。

まさかの事態の時、財産分与の話し合いは避けて通れない問題です。しかし、ここでも、家計のバランスシートが役に立ちます。なぜなら夫婦共有財産が一目瞭然《いちもくりょうぜん》なのですから。これをもとに、協議や調停などで円満に解決を図ってほしいものです。年次家計収支一覧表も、慰謝料や養育費の算定に役に立つでしょう。提出する資料をまとめる時に、もとになる資料がしっかりしているので時間をかけずにかつ正確に作成することができます。

しかし、これだけお互いに情報を開示している世帯であれば、不動の信頼関係が築《きず》き上げられているはずなので、そのような事態に陥《おちい》ることは考えづらいと思います。

と、このように家計ノートは世帯の絆《きずな》を確固たるものにする素敵な帳簿でもあるわけです。

家計ノートは豊かな生活をするための賢いツール

家計ノートをつけることによって、今まで何事もなくやり過ごしていた些細な行動に、ふと「なにか」を感じ取ることができるようになったら、それは、大きな一歩です。家計ノートは、徐々に金銭感覚を研《と》ぎ澄《す》ませ、いつの間にか経済観念を高めさせるとても賢いツールです。少々時間と手間がかかりますが、それよりも得られるもののほうがはるかに大きいといえましょう。

家計ノートが気づかせてくれることは、多岐にわたります。

たとえば、週計表では、よい買い物ができたのか失敗した買い物だったのかに気づかせてくれますし、家計収支一覧表では、収入がいくらで支出がいくらの結果、余剰がいくらだったかに気づかせてくれます。家財道具一覧表では、家財道具の買い替えのタイミングや、長持ちの家財道具があることに、家計のバランスシートでは、保険などの見直しの必要性の有無や、預貯金・借金の変動に気づかせてくれます。

何よりも家計ノートをつけることによっておカネを貯めるモチベーションが格段に

上がります。計画的な買い物ができるようになり、不必要なものは持たないなど、さっぱりしっとり潤いのある生活が送れるようになるでしょう。

家計ノートをつけることが目的になってはいけません。家計ノートをつけることが苦痛になっていたら要注意です。そういう時は、少し心に余裕を持って、時間をおいてからつけるようにしてください。家計ノートは生活を豊かにするための一つのツールにすぎません。しかしそれを上手に活用すれば、大きな効用をもたらしてくれるスグレモノです。

どうぞ、飽きずに続けてみてください。自分自身の変化に、ある時ふっと気づく日が訪れるでしょう。その日が訪れることを信じて、生活を楽しみながら貯蓄に励んでください。

巻末付録

70歳時貯蓄残高別キャッシュフロー表

（A～Hパターン）

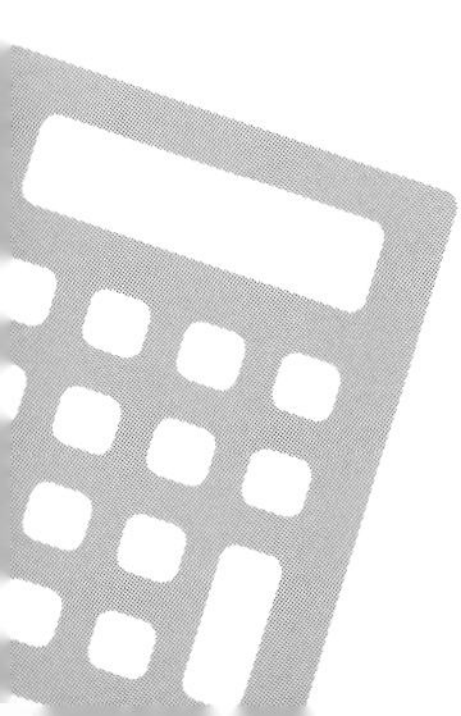

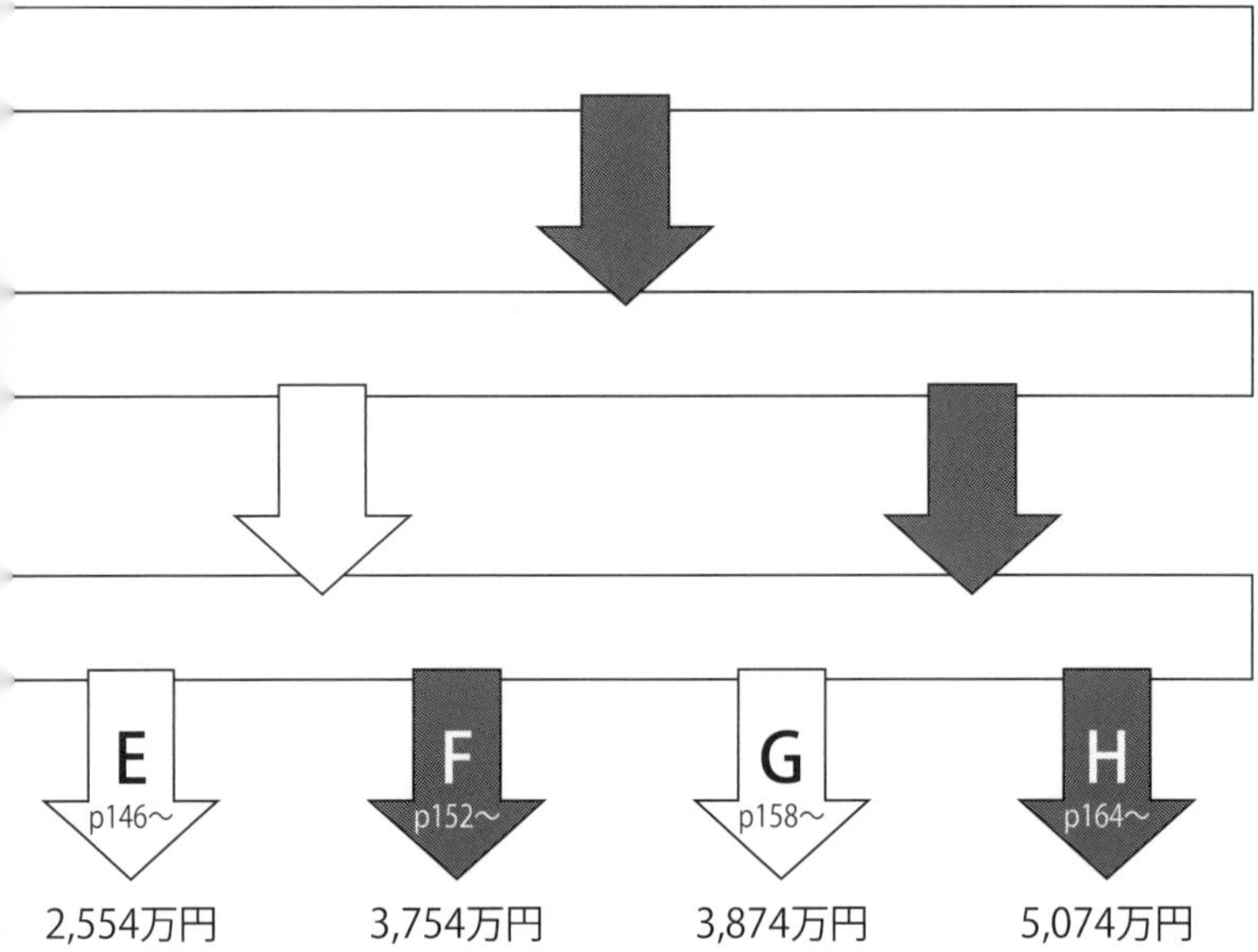

※２　住宅取得等資金贈与 1,000 万円

住宅取得等資金の贈与税の非課税制度を活用します（租税特別措置法第70条の２）。一定の要件がありますが、受贈者は一定の限度額まで贈与税がかかりません。贈与者は相続時に相続財産へ加算する必要がなく相続税対策にもなります（詳しくは国税庁ホームページを参照してください）。資金贈与を受けた分だけ住宅ローンを組まなくて済むので、その分の元利合計金額が貯蓄に回せます。

※３　退職金 1,200 万円

東京都産業労働局の中小企業の賃金・退職金事情（平成 26 年度版）より、モデル退職金を参考にしています。

70歳時パターン別貯蓄残高フローチャート

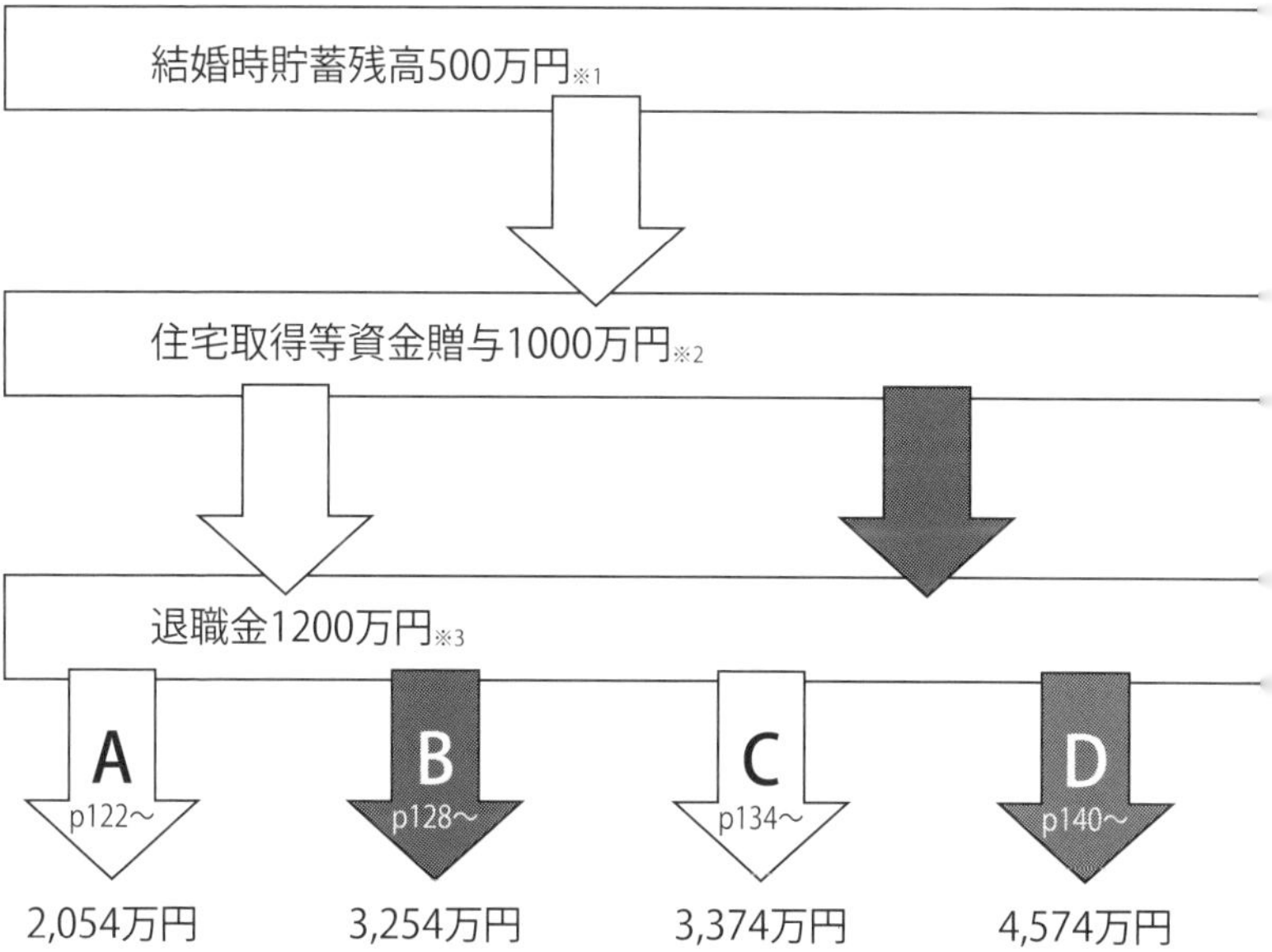

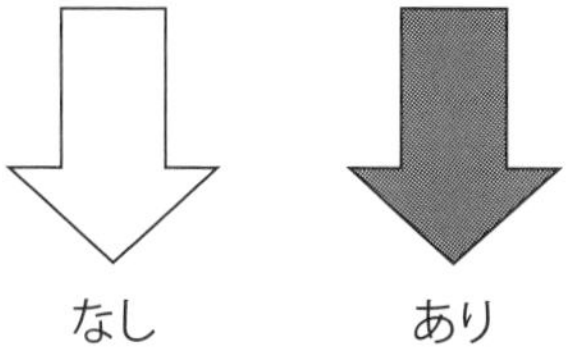

※１　結婚時貯蓄 500 万円

　なんらかの事情で無収入になってしまった時、２年くらいは生活費として充当できる金額です。世帯合計で 500 万円ですから、独身時に一人 250 万円の貯蓄があれば安心してスタートラインに立てます。

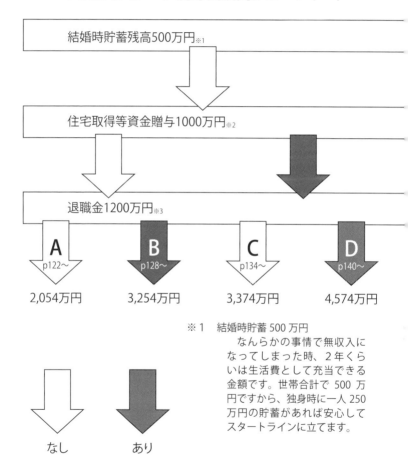

F　結婚時に 500 万円の貯蓄があります。
住宅取得等資金の贈与を受けず 3,500 万円のローンを組んでいるため、住居費が高くなっています。

退職金を受け取った年に貯蓄額が増えます。

定年後は、ローン完済まで貯蓄を切り崩して生活費に充当します。

G　結婚時に 500 万円の貯蓄があります。
住宅取得等資金の贈与を受けて 2,500 万円のローンを組んでいるため、住居費に変動はありません。

定年後は、ローン完済まで貯蓄を維持できます。

H　結婚時に 500 万円の貯蓄があります。
住宅取得等資金の贈与を受けて 2,500 万円のローンを組んでいるため、住居費に変動はありません。

退職金を受けた年に貯蓄額が増えます。

定年後は、ローン完済まで貯蓄を維持できます。


なお、A～Hパターンの教育費は、小・中・高を公立、大学を国立（自宅通い）を前提としています。

また、このシミュレーションの各数値は物価や金利の変動等は考慮しておりません。世帯の構成人数や生活状況・地域状況によって数値が異なる場合もあります。

長期的な貯蓄のプランニングをする際の目安の一つとしてお役立てください

A～Hパターンのパターン別解説

A　住宅取得等資金の贈与を受けず3,500万円のローンを組んでいるため、住居費が高くなっています。
定年後は、ローン完済まで貯蓄を切り崩して生活費に充当します。

B　住宅取得等資金の贈与を受けず3,500万円のローンを組んでいるため、住居費が高くなっています。
退職金を受け取った年に貯蓄額が増えます。
定年後は、ローン完済まで貯蓄を切り崩して生活費に充当します。

C　住宅取得等資金の贈与を受けて2,500万円のローンを組んでいるため、住居費に変動はありません。
定年後は、ローン完済まで貯蓄を維持できます。

D　住宅取得等資金の贈与を受けて2,500万円のローンを組んでいるため、住居費に変動はありません。
退職金を受けた年に貯蓄額が増えます。
定年後は、ローン完済まで貯蓄を維持できます。

E　結婚時に500万円の貯蓄があります。
住宅取得等資金の贈与を受けず3,500万円のローンを組んでいるため、住居費が高くなっています。

定年後は、ローン完済まで貯蓄を切り崩して生活費に充当します。

	6年後	7年後	8年後	9年後	10年後	11年後	12年後	13年後	14年後	15年後
	36	37	38	39	40	41	42	43	44	45
	-	-	-	-	-	-	-	-	-	-
	1	2	3	4	5	6	7	8	9	10
	-	-	-	-	-	-	-	-	-	-
	-	-	-	-	-	-	-	-	-	-
			幼稚園		家購入	小学校				
	410	410	410	410	410	410	410	410	410	410
	410	410	410	410	410	410	410	410	410	410
	135	135	135	135	140	140	140	140	140	140
	120	120	120	120	164	164	164	164	164	164
			23	23	23	30	30	30	30	30
	12	12	12	12	12	12	12	12	12	12
	25	25	25	25	30	30	30	30	30	30
	292	292	315	315	369	376	376	376	376	376
	118	118	95	95	41	34	34	34	34	34
	876	994	1089	1184	1225	1259	1293	1327	1361	1395

キャッシュフロー表

Aパターン

●生まれた年（西暦）

あなた	1986	年
配偶者		年
第1子	2021	年
第2子		年
第3子		年

●結婚した年（西暦）　2016　年

●結婚時の貯蓄残高　0　万円

●キャッシュフロー表　（単位：万円）

年次		今年	1年後	2年後	3年後	4年後	5年後
家族構成・年齢	あなた	30	31	32	33	34	35
	配偶者	-	-	-	-	-	-
	第1子	-	-	-	-	-	0
	第2子	-	-	-	-	-	-
	第3子	-	-	-	-	-	-
家族のライフプラン		結婚					第１子
収入	世帯の手取り収入（給料や賞与）	410	410	410	410	410	410
	その他収入						
① 収入合計		410	410	410	410	410	410
支出	基本生活費（食費、光熱費、被服費など）	130	130	130	130	130	135
	住居費（家賃や住宅ローンなど）	120	120	120	120	120	120
	教育費（学費、塾代、教育関係費）						
	保険料（生命保険料や損害保険料）	12	12	12	12	12	12
	その他支出（交際費、趣味・娯楽費など）	20	20	20	20	20	25
	一時的な支出（車の買い替え、旅行など）						
② 支出合計		282	282	282	282	282	292
③ 年間収支（①－②）		128	128	128	128	128	118
④ 貯蓄残高（前年の④＋今年の③）		128	256	384	512	640	758

	22年後	23年後	24年後	25年後	26年後	27年後	28年後	29年後	30年後	31年後
	52	53	54	55	56	57	58	59	60	61
	-	-	-	-	-	-	-	-	-	-
	17	18	19	20	21	22	23	24	25	26
	-	-	-	-	-	-	-	-	-	-
	-	-	-	-	-	-	-	-	-	-
		大学			卒業				還暦	
	410	410	410	410	410	410	410	410	410	410
	410	410	410	410	410	410	410	410	410	410
	140	135	135	135	135	135	135	135	135	135
	164	164	164	164	164	164	164	164	164	164
	51	60	60	60	60					
	12	12	12	12	12	12	12	12	12	12
	30	30	30	30	30	25	25	25	25	25
	397	401	401	401	401	336	336	336	336	336
	13	9	9	9	9	74	74	74	74	74
	1516	1525	1534	1543	1552	1626	1700	1774	1848	1922

キャッシュフロー表

Aパターン

●生まれた年（西暦）

あなた	1986	年
配偶者		年
第1子	2021	年
第2子		年
第3子		年

●結婚した年（西暦）　2016　年

●15年後の貯蓄残高　1395　万円

●キャッシュフロー表　（単位：万円）

年次			16年後	17年後	18年後	19年後	20年後	21年後
家族構成・年齢		あなた	46	47	48	49	50	51
		配偶者	-	-	-	-	-	-
		第1子	11	12	13	14	15	16
		第2子	-	-	-	-	-	-
		第3子	-	-	-	-	-	-
家族のライフプラン				中学			高校	
収入	世帯の手取り収入（給料や賞与）		410	410	410	410	410	410
	その他収入							
① 収入合計			410	410	410	410	410	410
支出	基本生活費（食費、光熱費、被服費など）		140	140	140	140	140	140
	住居費（家賃や住宅ローンなど）		164	164	164	164	164	164
	教育費（学費、塾代、教育関係費）		30	48	48	48	51	51
	保険料（生命保険料や損害保険料）		12	12	12	12	12	12
	その他支出（交際費、趣味・娯楽費など）		30	30	30	30	30	30
	一時的な支出（車の買い替え、旅行など）							
② 支出合計			376	394	394	394	397	397
③ 年間収支（①－②）			34	16	16	16	13	13
④ 貯蓄残高（前年の④＋今年の③）			1429	1445	1461	1477	1490	1503

	38年後	39年後	40年後	41年後	42年後	43年後	44年後	45年後	46年後	47年後
	68	69	70	71	72	73	74	75	76	77
	-	-	-	-	-	-	-	-	-	-
	33	34	35	36	37	38	39	40	41	42
	-	-	-	-	-	-	-	-	-	-
	-	-	-	-	-	-	-	-	-	-
		ローン完済	古希							
	280	280	180							
	280	280	180							
	130	130	130							
	164	164	10							
	10	10	10							
	20	20	30							
	324	324	180							
	-44	-44	0							
	2098	2054	2054							

キャッシュフロー表

Aパターン

●生まれた年（西暦）

あなた	1986	年
配偶者		年
第1子	2021	年
第2子		年
第3子		年

●結婚した年（西暦） 2016 年

●31年後の貯蓄残高 1922 万円

●キャッシュフロー表　（単位：万円）

年次			32年後	33年後	34年後	35年後	36年後	37年後
家族構成・年齢		あなた	62	63	64	65	66	67
		配偶者	-	-	-	-	-	-
		第1子	27	28	29	30	31	32
		第2子	-	-	-	-	-	-
		第3子	-	-	-	-	-	-
家族のライフプラン						定年		
収入	世帯の手取り収入（給料や賞与）		410	410	410	410	280	280
	その他収入							
① 収入合計			410	410	410	410	280	280
支出	基本生活費（食費、光熱費、被服費など）		135	135	135	130	130	130
	住居費（家賃や住宅ローンなど）		164	164	164	164	164	164
	教育費（学費、塾代、教育関係費）							
	保険料（生命保険料や損害保険料）		12	12	12	10	10	10
	その他支出（交際費、趣味・娯楽費など）		25	25	25	20	20	20
	一時的な支出（車の買い替え、旅行など）							
② 支出合計			336	336	336	324	324	324
③ 年間収支（①－②）			74	74	74	86	-44	-44
④ 貯蓄残高（前年の④＋今年の③）			1996	2070	2144	2230	2186	2142

	6年後	7年後	8年後	9年後	10年後	11年後	12年後	13年後	14年後	15年後
	36	37	38	39	40	41	42	43	44	45
	-	-	-	-	-	-	-	-	-	-
	1	2	3	4	5	6	7	8	9	10
	-	-	-	-	-	-	-	-	-	-
	-	-	-	-	-	-	-	-	-	-
			幼稚園		家購入	小学校				
	410	410	410	410	410	410	410	410	410	410
	410	410	410	410	410	410	410	410	410	410
	135	135	135	135	140	140	140	140	140	140
	120	120	120	120	164	164	164	164	164	164
			23	23	23	30	30	30	30	30
	12	12	12	12	12	12	12	12	12	12
	25	25	25	25	30	30	30	30	30	30
	292	292	315	315	369	376	376	376	376	376
	118	118	95	95	41	34	34	34	34	34
	876	994	1089	1184	1225	1259	1293	1327	1361	1395

キャッシュフロー表

Bパターン

●生まれた年（西暦）

あなた	1986	年
配偶者		年
第1子	2021	年
第2子		年
第3子		年

●結婚した年（西暦）　2016　年

●結婚時の貯蓄残高　0　万円

●キャッシュフロー表　（単位：万円）

年次			今年	1年後	2年後	3年後	4年後	5年後
家族構成・年齢		あなた	30	31	32	33	34	35
		配偶者	-	-	-	-	-	-
		第1子	-	-	-	-	-	0
		第2子	-	-	-	-	-	-
		第3子	-	-	-	-	-	-
家族のライフプラン			結婚					第1子
収入	世帯の手取り収入（給料や賞与）		410	410	410	410	410	410
	その他収入							
① 収入合計			410	410	410	410	410	410
支出	基本生活費（食費、光熱費、被服費など）		130	130	130	130	130	135
	住居費（家賃や住宅ローンなど）		120	120	120	120	120	120
	教育費（学費、塾代、教育関係費）							
	保険料（生命保険料や損害保険料）		12	12	12	12	12	12
	その他支出（交際費、趣味・娯楽費など）		20	20	20	20	20	25
	一時的な支出（車の買い替え、旅行など）							
② 支出合計			282	282	282	282	282	292
③ 年間収支（①－②）			128	128	128	128	128	118
④ 貯蓄残高（前年の④＋今年の③）			128	256	384	512	640	758

	22年後	23年後	24年後	25年後	26年後	27年後	28年後	29年後	30年後	31年後
	52	53	54	55	56	57	58	59	60	61
	-	-	-	-	-	-	-	-	-	-
	17	18	19	20	21	22	23	24	25	26
	-	-	-	-	-	-	-	-	-	-
	-	-	-	-	-	-	-	-	-	-
		大学			卒業				還暦	
	410	410	410	410	410	410	410	410	410	410
	410	410	410	410	410	410	410	410	410	410
	140	135	135	135	135	135	135	135	135	135
	164	164	164	164	164	164	164	164	164	164
	51	60	60	60	60					
	12	12	12	12	12	12	12	12	12	12
	30	30	30	30	30	25	25	25	25	25
	397	401	401	401	401	336	336	336	336	336
	13	9	9	9	9	74	74	74	74	74
	1516	1525	1534	1543	1552	1626	1700	1774	1848	1922

キャッシュフロー表

Bパターン

●生まれた年（西暦）

あなた	1986	年
配偶者		年
第1子	2021	年
第2子		年
第3子		年

●結婚した年（西暦）　2016 年

●15年後の貯蓄残高　1395 万円

●キャッシュフロー表　（単位：万円）

年次			16年後	17年後	18年後	19年後	20年後	21年後
家族構成・年齢		あなた	46	47	48	49	50	51
		配偶者	-	-	-	-	-	-
		第1子	11	12	13	14	15	16
		第2子	-	-	-	-	-	-
		第3子	-	-	-	-	-	-
家族のライフプラン				中学			高校	
収入	世帯の手取り収入（給料や賞与）		410	410	410	410	410	410
	その他収入							
① 収入合計			410	410	410	410	410	410
支出	基本生活費（食費、光熱費、被服費など）		140	140	140	140	140	140
	住居費（家賃や住宅ローンなど）		164	164	164	164	164	164
	教育費（学費、塾代、教育関係費）		30	48	48	48	51	51
	保険料（生命保険料や損害保険料）		12	12	12	12	12	12
	その他支出（交際費、趣味・娯楽費など）		30	30	30	30	30	30
	一時的な支出（車の買い替え、旅行など）							
② 支出合計			376	394	394	394	397	397
③ 年間収支（①－②）			34	16	16	16	13	13
④ 貯蓄残高（前年の④＋今年の③）			1429	1445	1461	1477	1490	1503

	38年後	39年後	40年後	41年後	42年後	43年後	44年後	45年後	46年後	47年後
	68	69	70	71	72	73	74	75	76	77
	-	-	-	-	-	-	-	-	-	-
	33	34	35	36	37	38	39	40	41	42
	-	-	-	-	-	-	-	-	-	-
	-	-	-	-	-	-	-	-	-	-
		ローン完済	古希							
	280	280	180							
	280	280	180							
	130	130	130							
	164	164	10							
	10	10	10							
	20	20	30							
	324	324	180							
	-44	-44	0							
	3298	3254	3254							

キャッシュフロー表

Bパターン

●生まれた年（西暦）

あなた	1986	年
配偶者		年
第1子	2021	年
第2子		年
第3子		年

●結婚した年（西暦）	2016	年
●31年後の貯蓄残高	1922	万円

●キャッシュフロー表　（単位：万円）

年次			32年後	33年後	34年後	35年後	36年後	37年後
家族構成・年齢		あなた	62	63	64	65	66	67
		配偶者	-	-	-	-	-	-
		第1子	27	28	29	30	31	32
		第2子	-	-	-	-	-	-
		第3子	-	-	-	-	-	-
家族のライフプラン						定年		
収入	世帯の手取り収入（給料や賞与）		410	410	410	410	280	280
	その他収入					1200		
① 収入合計			410	410	410	1610	280	280
支出	基本生活費（食費、光熱費、被服費など）		135	135	135	130	130	130
	住居費（家賃や住宅ローンなど）		164	164	164	164	164	164
	教育費（学費、塾代、教育関係費）							
	保険料（生命保険料や損害保険料）		12	12	12	10	10	10
	その他支出（交際費、趣味・娯楽費など）		25	25	25	20	20	20
	一時的な支出（車の買い替え、旅行など）							
② 支出合計			336	336	336	324	324	324
③ 年間収支（①－②）			74	74	74	1286	-44	-44
④ 貯蓄残高（前年の④＋今年の③）			1996	2070	2144	3430	3386	3342

	6年後	7年後	8年後	9年後	10年後	11年後	12年後	13年後	14年後	15年後
	36	37	38	39	40	41	42	43	44	45
	-	-	-	-	-	-	-	-	-	-
	1	2	3	4	5	6	7	8	9	10
	-	-	-	-	-	-	-	-	-	-
	-	-	-	-	-	-	-	-	-	-
			幼稚園		家購入	小学校				
	410	410	410	410	410	410	410	410	410	410
	410	410	410	410	410	410	410	410	410	410
	135	135	135	135	140	140	140	140	140	140
	120	120	120	120	120	120	120	120	120	120
			23	23	23	30	30	30	30	30
	12	12	12	12	12	12	12	12	12	12
	25	25	25	25	30	30	30	30	30	30
	292	292	315	315	325	332	332	332	332	332
	118	118	95	95	85	78	78	78	78	78
	876	994	1089	1184	1269	1347	1425	1503	1581	1659

キャッシュフロー表

Cパターン

●生まれた年（西暦）

あなた	1986	年
配偶者		年
第1子	2021	年
第2子		年
第3子		年

●結婚した年（西暦）　2016 年

●結婚時の貯蓄残高　0 万円

●キャッシュフロー表　（単位：万円）

年次		今年	1年後	2年後	3年後	4年後	5年後
家族構成・年齢	あなた	30	31	32	33	34	35
	配偶者	-	-	-	-	-	-
	第1子	-	-	-	-	-	0
	第2子	-	-	-	-	-	-
	第3子	-	-	-	-	-	-
家族のライフプラン		結婚					第1子
収入	世帯の手取り収入（給料や賞与）	410	410	410	410	410	410
	その他収入						
①収入合計		410	410	410	410	410	410
支出	基本生活費（食費、光熱費、被服費など）	130	130	130	130	130	135
	住居費（家賃や住宅ローンなど）	120	120	120	120	120	120
	教育費（学費、塾代、教育関係費）						
	保険料（生命保険料や損害保険料）	12	12	12	12	12	12
	その他支出（交際費、趣味・娯楽費など）	20	20	20	20	20	25
	一時的な支出（車の買い替え、旅行など）						
②支出合計		282	282	282	282	282	292
③年間収支（①－②）		128	128	128	128	128	118
④貯蓄残高（前年の④＋今年の③）		128	256	384	512	640	758

	22年後	23年後	24年後	25年後	26年後	27年後	28年後	29年後	30年後	31年後
	52	53	54	55	56	57	58	59	60	61
	-	-	-	-	-	-	-	-	-	-
	17	18	19	20	21	22	23	24	25	26
	-	-	-	-	-	-	-	-	-	-
	-	-	-	-	-	-	-	-	-	-
		大学			卒業				還暦	
	410	410	410	410	410	410	410	410	410	410
	410	410	410	410	410	410	410	410	410	410
	140	135	135	135	135	135	135	135	135	135
	120	120	120	120	120	120	120	120	120	120
	51	60	60	60	60					
	12	12	12	12	12	12	12	12	12	12
	30	30	30	30	30	25	25	25	25	25
	353	357	357	357	357	292	292	292	292	292
	57	53	53	53	53	118	118	118	118	118
	2088	2141	2194	2247	2300	2418	2536	2654	2772	2890

キャッシュフロー表

Cパターン

●生まれた年（西暦）

あなた	1986	年
配偶者		年
第1子	2021	年
第2子		年
第3子		年

●結婚した年（西暦） 2016 年

●15年後の貯蓄残高 1659 万円

●キャッシュフロー表　（単位：万円）

年次			16年後	17年後	18年後	19年後	20年後	21年後
家族構成・年齢		あなた	46	47	48	49	50	51
		配偶者	-	-	-	-	-	-
		第1子	11	12	13	14	15	16
		第2子	-	-	-	-	-	-
		第3子	-	-	-	-	-	-
家族のライフプラン				中学			高校	
収入	世帯の手取り収入（給料や賞与）		410	410	410	410	410	410
	その他収入							
① 収入合計			410	410	410	410	410	410
支出	基本生活費（食費、光熱費、被服費など）		140	140	140	140	140	140
	住居費（家賃や住宅ローンなど）		120	120	120	120	120	120
	教育費（学費、塾代、教育関係費）		30	48	48	48	51	51
	保険料（生命保険料や損害保険料）		12	12	12	12	12	12
	その他支出（交際費、趣味・娯楽費など）		30	30	30	30	30	30
	一時的な支出（車の買い替え、旅行など）							
② 支出合計			332	350	350	350	353	353
③ 年間収支（①－②）			78	60	60	60	57	57
④ 貯蓄残高（前年の④＋今年の③）			1737	1797	1857	1917	1974	2031

	38年後	39年後	40年後	41年後	42年後	43年後	44年後	45年後	46年後	47年後
	68	69	70	71	72	73	74	75	76	77
	-	-	-	-	-	-	-	-	-	-
	33	34	35	36	37	38	39	40	41	42
	-	-	-	-	-	-	-	-	-	-
	-	-	-	-	-	-	-	-	-	-
		ローン完済	古希							
	280	280	180							
	280	280	180							
	130	130	130							
	120	120	10							
	10	10	10							
	20	20	30							
	280	280	180							
	0	0	0							
	3374	3374	3374							

キャッシュフロー表

Cパターン

●生まれた年（西暦）

あなた	1986	年
配偶者		年
第1子	2021	年
第2子		年
第3子		年

●結婚した年（西暦）　2016 年

●31年後の貯蓄残高　2890 万円

●キャッシュフロー表　（単位：万円）

年次		32年後	33年後	34年後	35年後	36年後	37年後
家族構成・年齢	あなた	62	63	64	65	66	67
	配偶者	-	-	-	-	-	-
	第1子	27	28	29	30	31	32
	第2子	-	-	-	-	-	-
	第3子	-	-	-	-	-	-
家族のライフプラン					定年		
収入	世帯の手取り収入（給料や賞与）	410	410	410	410	280	280
	その他収入						
① 収入合計		410	410	410	410	280	280
支出	基本生活費（食費、光熱費、被服費など）	135	135	135	130	130	130
	住居費（家賃や住宅ローンなど）	120	120	120	120	120	120
	教育費（学費、塾代、教育関係費）						
	保険料（生命保険料や損害保険料）	12	12	12	10	10	10
	その他支出（交際費、趣味・娯楽費など）	25	25	25	20	20	20
	一時的な支出（車の買い替え、旅行など）						
② 支出合計		292	292	292	280	280	280
③ 年間収支（①ー②）		118	118	118	130	0	0
④ 貯蓄残高（前年の④＋今年の③）		3008	3126	3244	3374	3374	3374

	6年後	7年後	8年後	9年後	10年後	11年後	12年後	13年後	14年後	15年後
	36	37	38	39	40	41	42	43	44	45
	-	-	-	-	-	-	-	-	-	-
	1	2	3	4	5	6	7	8	9	10
	-	-	-	-	-	-	-	-	-	-
	-	-	-	-	-	-	-	-	-	-
			幼稚園		家購入	小学校				
	410	410	410	410	410	410	410	410	410	410
	410	410	410	410	410	410	410	410	410	410
	135	135	135	135	140	140	140	140	140	140
	120	120	120	120	120	120	120	120	120	120
			23	23	23	30	30	30	30	30
	12	12	12	12	12	12	12	12	12	12
	25	25	25	25	30	30	30	30	30	30
	292	292	315	315	325	332	332	332	332	332
	118	118	95	95	85	78	78	78	78	78
	876	994	1089	1184	1269	1347	1425	1503	1581	1659

キャッシュフロー表

Dパターン

●生まれた年（西暦）

あなた	1986	年
配偶者		年
第1子	2021	年
第2子		年
第3子		年

●結婚した年（西暦）　2016 年

●結婚時の貯蓄残高　0 万円

●キャッシュフロー表　（単位：万円）

年次			今年	1年後	2年後	3年後	4年後	5年後
家族構成・年齢		あなた	30	31	32	33	34	35
		配偶者	-	-	-	-	-	-
		第1子	-	-	-	-	-	0
		第2子	-	-	-	-	-	-
		第3子	-	-	-	-	-	-
家族のライフプラン			結婚					第１子
収入	世帯の手取り収入(給料や賞与)		410	410	410	410	410	410
	その他収入							
① 収入合計			410	410	410	410	410	410
支出	基本生活費(食費、光熱費、被服費など)		130	130	130	130	130	135
	住居費(家賃や住宅ローンなど)		120	120	120	120	120	120
	教育費(学費、塾代、教育関係費)							
	保険料(生命保険料や損害保険料)		12	12	12	12	12	12
	その他支出(交際費、趣味・娯楽費など)		20	20	20	20	20	25
	一時的な支出(車の買い替え、旅行など)							
② 支出合計			282	282	282	282	282	292
③ 年間収支（①−②）			128	128	128	128	128	118
④ 貯蓄残高（前年の④＋今年の③）			128	256	384	512	640	758

	22年後	23年後	24年後	25年後	26年後	27年後	28年後	29年後	30年後	31年後
	52	53	54	55	56	57	58	59	60	61
	-	-	-	-	-	-	-	-	-	-
	17	18	19	20	21	22	23	24	25	26
	-	-	-	-	-	-	-	-	-	-
	-	-	-	-	-	-	-	-	-	-
		大学			卒業				還暦	
	410	410	410	410	410	410	410	410	410	410
	410	410	410	410	410	410	410	410	410	410
	140	135	135	135	135	135	135	135	135	135
	120	120	120	120	120	120	120	120	120	120
	51	60	60	60	60					
	12	12	12	12	12	12	12	12	12	12
	30	30	30	30	30	25	25	25	25	25
	353	357	357	357	357	292	292	292	292	292
	57	53	53	53	53	118	118	118	118	118
	2088	2141	2194	2247	2300	2418	2536	2654	2772	2890

キャッシュフロー表

Dパターン

●生まれた年（西暦）

あなた	1986	年
配偶者		年
第1子	2021	年
第2子		年
第3子		年

●結婚した年（西暦）　2016 年

●15年後の貯蓄残高　1659 万円

●キャッシュフロー表　（単位：万円）

年次			16年後	17年後	18年後	19年後	20年後	21年後
家族構成・年齢		あなた	46	47	48	49	50	51
		配偶者	-	-	-	-	-	-
		第1子	11	12	13	14	15	16
		第2子	-	-	-	-	-	-
		第3子	-	-	-	-	-	-
家族のライフプラン				中学			高校	
収入	世帯の手取り収入（給料や賞与）		410	410	410	410	410	410
	その他収入							
① 収入合計			410	410	410	410	410	410
支出	基本生活費（食費、光熱費、被服費など）		140	140	140	140	140	140
	住居費（家賃や住宅ローンなど）		120	120	120	120	120	120
	教育費（学費、塾代、教育関係費）		30	48	48	48	51	51
	保険料（生命保険料や損害保険料）		12	12	12	12	12	12
	その他支出（交際費、趣味・娯楽費など）		30	30	30	30	30	30
	一時的な支出（車の買い替え、旅行など）							
② 支出合計			332	350	350	350	353	353
③ 年間収支（①－②）			78	60	60	60	57	57
④ 貯蓄残高（前年の④＋今年の③）			1737	1797	1857	1917	1974	2031

	38年後	39年後	40年後	41年後	42年後	43年後	44年後	45年後	46年後	47年後
	68	69	70	71	72	73	74	75	76	77
	-	-	-	-	-	-	-	-	-	-
	33	34	35	36	37	38	39	40	41	42
	-	-	-	-	-	-	-	-	-	-
	-	-	-	-	-	-	-	-	-	-
		ローン完済	古希							
	280	280	180							
	280	280	180							
	130	130	130							
	120	120	10							
	10	10	10							
	20	20	30							
	280	280	180							
	0	0	0							
	4574	4574	4574							

キャッシュフロー表

Dパターン

●生まれた年（西暦）

あなた	1986	年
配偶者		年
第1子	2021	年
第2子		年
第3子		年

●結婚した年（西暦） 2016 年

●31年後の貯蓄残高 2890 万円

●キャッシュフロー表　（単位：万円）

年次		32年後	33年後	34年後	35年後	36年後	37年後
家族構成・年齢	あなた	62	63	64	65	66	67
	配偶者	-	-	-	-	-	-
	第1子	27	28	29	30	31	32
	第2子	-	-	-	-	-	-
	第3子	-	-	-	-	-	-
家族のライフプラン					定年		
収入	世帯の手取り収入(給料や賞与)	410	410	410	410	280	280
	その他収入				1200		
① 収入合計		410	410	410	1610	280	280
支出	基本生活費(食費、光熱費、被服費など)	135	135	135	130	130	130
	住居費(家賃や住宅ローンなど)	120	120	120	120	120	120
	教育費(学費、塾代、教育関係費)						
	保険料(生命保険料や損害保険料)	12	12	12	10	10	10
	その他支出(交際費、趣味・娯楽費など)	25	25	25	20	20	20
	一時的な支出(車の買い替え、旅行など)						
② 支出合計		292	292	292	280	280	280
③ 年間収支（①－②）		118	118	118	1330	0	0
④ 貯蓄残高（前年の④＋今年の③）		3008	3126	3244	4574	4574	4574

	6年後	7年後	8年後	9年後	10年後	11年後	12年後	13年後	14年後	15年後
	36	37	38	39	40	41	42	43	44	45
	-	-	-	-	-	-	-	-	-	-
	1	2	3	4	5	6	7	8	9	10
	-	-	-	-	-	-	-	-	-	-
	-	-	-	-	-	-	-	-	-	-
			幼稚園		家購入	小学校				
	410	410	410	410	410	410	410	410	410	410
	410	410	410	410	410	410	410	410	410	410
	135	135	135	135	140	140	140	140	140	140
	120	120	120	120	164	164	164	164	164	164
			23	23	23	30	30	30	30	30
	12	12	12	12	12	12	12	12	12	12
	25	25	25	25	30	30	30	30	30	30
	292	292	315	315	369	376	376	376	376	376
	118	118	95	95	41	34	34	34	34	34
	1376	1494	1589	1684	1725	1759	1793	1827	1861	1895

キャッシュフロー表

Eパターン

●生まれた年（西暦）

あなた	1986	年
配偶者		年
第1子	2021	年
第2子		年
第3子		年

●結婚した年（西暦）　2016　年

●結婚時の貯蓄残高　500　万円

●キャッシュフロー表　（単位：万円）

年次			今年	1年後	2年後	3年後	4年後	5年後
家族構成・年齢		あなた	30	31	32	33	34	35
		配偶者	-	-	-	-	-	-
		第1子	-	-	-	-	-	0
		第2子	-	-	-	-	-	-
		第3子	-	-	-	-	-	-
家族のライフプラン			結婚					第1子
収入	世帯の手取り収入（給料や賞与）		410	410	410	410	410	410
	その他収入							
① 収入合計			410	410	410	410	410	410
支出	基本生活費（食費、光熱費、被服費など）		130	130	130	130	130	135
	住居費（家賃や住宅ローンなど）		120	120	120	120	120	120
	教育費（学費、塾代、教育関係費）							
	保険料（生命保険料や損害保険料）		12	12	12	12	12	12
	その他支出（交際費、趣味・娯楽費など）		20	20	20	20	20	25
	一時的な支出（車の買い替え、旅行など）							
② 支出合計			282	282	282	282	282	292
③ 年間収支（①－②）			128	128	128	128	128	118
④ 貯蓄残高（前年の④＋今年の③）			628	756	884	1012	1140	1258

	22年後	23年後	24年後	25年後	26年後	27年後	28年後	29年後	30年後	31年後
	52	53	54	55	56	57	58	59	60	61
	-	-	-	-	-	-	-	-	-	-
	17	18	19	20	21	22	23	24	25	26
	-	-	-	-	-	-	-	-	-	-
	-	-	-	-	-	-	-	-	-	-
		大学			卒業				還暦	
	410	410	410	410	410	410	410	410	410	410
	410	410	410	410	410	410	410	410	410	410
	140	135	135	135	135	135	135	135	135	135
	164	164	164	164	164	164	164	164	164	164
	51	60	60	60	60					
	12	12	12	12	12	12	12	12	12	12
	30	30	30	30	30	25	25	25	25	25
	397	401	401	401	401	336	336	336	336	336
	13	9	9	9	9	74	74	74	74	74
	2016	2025	2034	2043	2052	2126	2200	2274	2348	2422

キャッシュフロー表

Eパターン

●生まれた年（西暦）

あなた	1986	年
配偶者		年
第1子	2021	年
第2子		年
第3子		年

●結婚した年（西暦）　2016 年

●15年後の貯蓄残高　1895 万円

●キャッシュフロー表　（単位：万円）

年次			16年後	17年後	18年後	19年後	20年後	21年後
家族構成・年齢		あなた	46	47	48	49	50	51
		配偶者	-	-	-	-	-	-
		第1子	11	12	13	14	15	16
		第2子	-	-	-	-	-	-
		第3子	-	-	-	-	-	-
家族のライフプラン				中学			高校	
収入	世帯の手取り収入（給料や賞与）		410	410	410	410	410	410
	その他収入							
① 収入合計			410	410	410	410	410	410
支出	基本生活費（食費、光熱費、被服費など）		140	140	140	140	140	140
	住居費（家賃や住宅ローンなど）		164	164	164	164	164	164
	教育費（学費、塾代、教育関係費）		30	48	48	48	51	51
	保険料（生命保険料や損害保険料）		12	12	12	12	12	12
	その他支出（交際費、趣味・娯楽費など）		30	30	30	30	30	30
	一時的な支出（車の買い替え、旅行など）							
② 支出合計			376	394	394	394	397	397
③ 年間収支（①ー②）			34	16	16	16	13	13
④ 貯蓄残高（前年の④＋今年の③）			1929	1945	1961	1977	1990	2003

	38年後	39年後	40年後	41年後	42年後	43年後	44年後	45年後	46年後	47年後
	68	69	70	71	72	73	74	75	76	77
	-	-	-	-	-	-	-	-	-	-
	33	34	35	36	37	38	39	40	41	42
	-	-	-	-	-	-	-	-	-	-
	-	-	-	-	-	-	-	-	-	-
		ローン完済	古希							
	280	280	180							
	280	280	180							
	130	130	130							
	164	164	10							
	10	10	10							
	20	20	30							
	324	324	180							
	-44	-44	0							
	2598	2554	2554							

キャッシュフロー表

Eパターン

●生まれた年（西暦）

あなた	1986	年
配偶者		年
第1子	2021	年
第2子		年
第3子		年

●結婚した年（西暦）　2016 年

●31年後の貯蓄残高　2422 万円

●キャッシュフロー表　（単位：万円）

年次		32年後	33年後	34年後	35年後	36年後	37年後
家族構成・年齢	あなた	62	63	64	65	66	67
	配偶者	-	-	-	-	-	-
	第1子	27	28	29	30	31	32
	第2子	-	-	-	-	-	-
	第3子	-	-	-	-	-	-
家族のライフプラン					定年		
収入	世帯の手取り収入（給料や賞与）	410	410	410	410	280	280
	その他収入						
① 収入合計		410	410	410	410	280	280
支出	基本生活費（食費、光熱費、被服費など）	135	135	135	130	130	130
	住居費（家賃や住宅ローンなど）	164	164	164	164	164	164
	教育費（学費、塾代、教育関係費）						
	保険料（生命保険料や損害保険料）	12	12	12	10	10	10
	その他支出（交際費、趣味・娯楽費など）	25	25	25	20	20	20
	一時的な支出（車の買い替え、旅行など）						
② 支出合計		336	336	336	324	324	324
③ 年間収支（①−②）		74	74	74	86	-44	-44
④ 貯蓄残高（前年の④＋今年の③）		2496	2570	2644	2730	2686	2642

	6年後	7年後	8年後	9年後	10年後	11年後	12年後	13年後	14年後	15年後
	36	37	38	39	40	41	42	43	44	45
	-	-	-	-	-	-	-	-	-	-
	1	2	3	4	5	6	7	8	9	10
	-	-	-	-	-	-	-	-	-	-
	-	-	-	-	-	-	-	-	-	-
			幼稚園		家購入	小学校				
	410	410	410	410	410	410	410	410	410	410
	410	410	410	410	410	410	410	410	410	410
	135	135	135	135	140	140	140	140	140	140
	120	120	120	120	164	164	164	164	164	164
			23	23	23	30	30	30	30	30
	12	12	12	12	12	12	12	12	12	12
	25	25	25	25	30	30	30	30	30	30
	292	292	315	315	369	376	376	376	376	376
	118	118	95	95	41	34	34	34	34	34
	1376	1494	1589	1684	1725	1759	1793	1827	1861	1895

キャッシュフロー表

Fパターン

●生まれた年（西暦）

あなた	1986	年
配偶者		年
第1子	2021	年
第2子		年
第3子		年

●結婚した年（西暦）　2016 年

●結婚時の貯蓄残高　500 万円

●キャッシュフロー表　（単位：万円）

年次			今年	1年後	2年後	3年後	4年後	5年後
家族構成・年齢		あなた	30	31	32	33	34	35
		配偶者	-	-	-	-	-	-
		第1子	-	-	-	-	-	0
		第2子	-	-	-	-	-	-
		第3子	-	-	-	-	-	-
家族のライフプラン			結婚					第1子
収入	世帯の手取り収入（給料や賞与）		410	410	410	410	410	410
	その他収入							
①収入合計			410	410	410	410	410	410
支出	基本生活費（食費、光熱費、被服費など）		130	130	130	130	130	135
	住居費（家賃や住宅ローンなど）		120	120	120	120	120	120
	教育費（学費、塾代、教育関係費）							
	保険料（生命保険料や損害保険料）		12	12	12	12	12	12
	その他支出（交際費、趣味・娯楽費など）		20	20	20	20	20	25
	一時的な支出（車の買い替え、旅行など）							
②支出合計			282	282	282	282	282	292
③年間収支（①ー②）			128	128	128	128	128	118
④貯蓄残高（前年の④＋今年の③）			628	756	884	1012	1140	1258

	22年後	23年後	24年後	25年後	26年後	27年後	28年後	29年後	30年後	31年後
	52	53	54	55	56	57	58	59	60	61
	-	-	-	-	-	-	-	-	-	-
	17	18	19	20	21	22	23	24	25	26
	-	-	-	-	-	-	-	-	-	-
	-	-	-	-	-	-	-	-	-	-
		大学			卒業				還暦	
	410	410	410	410	410	410	410	410	410	410
	410	410	410	410	410	410	410	410	410	410
	140	135	135	135	135	135	135	135	135	135
	164	164	164	164	164	164	164	164	164	164
	51	60	60	60	60					
	12	12	12	12	12	12	12	12	12	12
	30	30	30	30	30	25	25	25	25	25
	397	401	401	401	401	336	336	336	336	336
	13	9	9	9	9	74	74	74	74	74
	2016	2025	2034	2043	2052	2126	2200	2274	2348	2422

キャッシュフロー表

Fパターン

●生まれた年（西暦）

あなた	1986	年
配偶者		年
第1子	2021	年
第2子		年
第3子		年

●結婚した年（西暦）　2016　年

●15年後の貯蓄残高　1895　万円

●キャッシュフロー表　（単位：万円）

年次			16年後	17年後	18年後	19年後	20年後	21年後
家族構成・年齢		あなた	46	47	48	49	50	51
		配偶者	-	-	-	-	-	-
		第1子	11	12	13	14	15	16
		第2子	-	-	-	-	-	-
		第3子	-	-	-	-	-	-
家族のライフプラン				中学			高校	
収入	世帯の手取り収入（給料や賞与）		410	410	410	410	410	410
	その他収入							
① 収入合計			410	410	410	410	410	410
支出	基本生活費（食費、光熱費、被服費など）		140	140	140	140	140	140
	住居費（家賃や住宅ローンなど）		164	164	164	164	164	164
	教育費（学費、塾代、教育関係費）		30	48	48	48	51	51
	保険料（生命保険料や損害保険料）		12	12	12	12	12	12
	その他支出（交際費、趣味・娯楽費など）		30	30	30	30	30	30
	一時的な支出（車の買い替え、旅行など）							
② 支出合計			376	394	394	394	397	397
③ 年間収支（①－②）			34	16	16	16	13	13
④ 貯蓄残高（前年の④＋今年の③）			1929	1945	1961	1977	1990	2003

	38年後	39年後	40年後	41年後	42年後	43年後	44年後	45年後	46年後	47年後
	68	69	70	71	72	73	74	75	76	77
	-	-	-	-	-	-	-	-	-	-
	33	34	35	36	37	38	39	40	41	42
	-	-	-	-	-	-	-	-	-	-
	-	-	-	-	-	-	-	-	-	-
		ローン完済	古希							
	280	280	180							
	280	280	180							
	130	130	130							
	164	164	10							
	10	10	10							
	20	20	30							
	324	324	180							
	-44	-44	0							
	3798	3754	3754							

キャッシュフロー表

Fパターン

●生まれた年（西暦）

あなた	1986	年
配偶者		年
第1子	2021	年
第2子		年
第3子		年

●結婚した年（西暦）　2016 年

●31年後の貯蓄残高　2422 万円

●キャッシュフロー表　（単位：万円）

年次			32年後	33年後	34年後	35年後	36年後	37年後
家族構成・年齢		あなた	62	63	64	65	66	67
		配偶者	-	-	-	-	-	-
		第1子	27	28	29	30	31	32
		第2子	-	-	-	-	-	-
		第3子	-	-	-	-	-	-
家族のライフプラン						定年		
収入	世帯の手取り収入（給料や賞与）		410	410	410	410	280	280
	その他収入					1200		
① 収入合計			410	410	410	1610	280	280
支出	基本生活費（食費、光熱費、被服費など）		135	135	135	130	130	130
	住居費（家賃や住宅ローンなど）		164	164	164	164	164	164
	教育費（学費、塾代、教育関係費）							
	保険料（生命保険料や損害保険料）		12	12	12	10	10	10
	その他支出（交際費、趣味・娯楽費など）		25	25	25	20	20	20
	一時的な支出（車の買い替え、旅行など）							
② 支出合計			336	336	336	324	324	324
③ 年間収支（①－②）			74	74	74	1286	-44	-44
④ 貯蓄残高（前年の④＋今年の③）			2496	2570	2644	3930	3886	3842

	6年後	7年後	8年後	9年後	10年後	11年後	12年後	13年後	14年後	15年後
	36	37	38	39	40	41	42	43	44	45
	-	-	-	-	-	-	-	-	-	-
	1	2	3	4	5	6	7	8	9	10
	-	-	-	-	-	-	-	-	-	-
	-	-	-	-	-	-	-	-	-	-
			幼稚園		家購入	小学校				
	410	410	410	410	410	410	410	410	410	410
	410	410	410	410	410	410	410	410	410	410
	135	135	135	135	140	140	140	140	140	140
	120	120	120	120	120	120	120	120	120	120
			23	23	23	30	30	30	30	30
	12	12	12	12	12	12	12	12	12	12
	25	25	25	25	30	30	30	30	30	30
	292	292	315	315	325	332	332	332	332	332
	118	118	95	95	85	78	78	78	78	78
	1376	1494	1589	1684	1769	1847	1925	2003	2081	2159

キャッシュフロー表

Gパターン

●生まれた年（西暦）

あなた	1986	年
配偶者		年
第1子	2021	年
第2子		年
第3子		年

●結婚した年（西暦）　2016 年

●結婚時の貯蓄残高　500 万円

●キャッシュフロー表　（単位：万円）

年次		今年	1年後	2年後	3年後	4年後	5年後
家族構成・年齢	あなた	30	31	32	33	34	35
	配偶者	-	-	-	-	-	-
	第1子	-	-	-	-	-	0
	第2子	-	-	-	-	-	-
	第3子	-	-	-	-	-	-
家族のライフプラン		結婚					第1子
収入	世帯の手取り収入（給料や賞与）	410	410	410	410	410	410
	その他収入						
① 収入合計		410	410	410	410	410	410
支出	基本生活費（食費、光熱費、被服費など）	130	130	130	130	130	135
	住居費（家賃や住宅ローンなど）	120	120	120	120	120	120
	教育費（学費、塾代、教育関係費）						
	保険料（生命保険料や損害保険料）	12	12	12	12	12	12
	その他支出（交際費、趣味・娯楽費など）	20	20	20	20	20	25
	一時的な支出（車の買い替え、旅行など）						
② 支出合計		282	282	282	282	282	292
③ 年間収支（①−②）		128	128	128	128	128	118
④ 貯蓄残高（前年の④＋今年の③）		628	756	884	1012	1140	1258

	22年後	23年後	24年後	25年後	26年後	27年後	28年後	29年後	30年後	31年後
	52	53	54	55	56	57	58	59	60	61
	-	-	-	-	-	-	-	-	-	-
	17	18	19	20	21	22	23	24	25	26
	-	-	-	-	-	-	-	-	-	-
	-	-	-	-	-	-	-	-	-	-
		大学			卒業				還暦	
	410	410	410	410	410	410	410	410	410	410
	410	410	410	410	410	410	410	410	410	410
	140	135	135	135	135	135	135	135	135	135
	120	120	120	120	120	120	120	120	120	120
	51	60	60	60	60					
	12	12	12	12	12	12	12	12	12	12
	30	30	30	30	30	25	25	25	25	25
	353	357	357	357	357	292	292	292	292	292
	57	53	53	53	53	118	118	118	118	118
	2588	2641	2694	2747	2800	2918	3036	3154	3272	3390

キャッシュフロー表

Gパターン

●生まれた年（西暦）

あなた	1986	年
配偶者		年
第1子	2021	年
第2子		年
第3子		年

●結婚した年（西暦）　2016 年

●15年後の貯蓄残高　2159 万円

●キャッシュフロー表　（単位：万円）

年次		16年後	17年後	18年後	19年後	20年後	21年後
家族構成・年齢	あなた	46	47	48	49	50	51
	配偶者	-	-	-	-	-	-
	第1子	11	12	13	14	15	16
	第2子	-	-	-	-	-	-
	第3子	-	-	-	-	-	-
家族のライフプラン			中学			高校	
収入	世帯の手取り収入（給料や賞与）	410	410	410	410	410	410
	その他収入						
① 収入合計		410	410	410	410	410	410
支出	基本生活費（食費、光熱費、被服費など）	140	140	140	140	140	140
	住居費（家賃や住宅ローンなど）	120	120	120	120	120	120
	教育費（学費、塾代、教育関係費）	30	48	48	48	51	51
	保険料（生命保険料や損害保険料）	12	12	12	12	12	12
	その他支出（交際費、趣味・娯楽費など）	30	30	30	30	30	30
	一時的な支出（車の買い替え、旅行など）						
② 支出合計		332	350	350	350	353	353
③ 年間収支（①－②）		78	60	60	60	57	57
④ 貯蓄残高（前年の④＋今年の③）		2237	2297	2357	2417	2474	2531

	38年後	39年後	40年後	41年後	42年後	43年後	44年後	45年後	46年後	47年後
	68	69	70	71	72	73	74	75	76	77
	-	-	-	-	-	-	-	-	-	-
	33	34	35	36	37	38	39	40	41	42
	-	-	-	-	-	-	-	-	-	-
	-	-	-	-	-	-	-	-	-	-
		ローン完済	古希							
	280	280	180							
	280	280	180							
	130	130	130							
	120	120	10							
	10	10	10							
	20	20	30							
	280	280	180							
	0	0	0							
	3874	3874	3874							

キャッシュフロー表

Gパターン

●生まれた年（西暦）

あなた	1986	年
配偶者		年
第1子	2021	年
第2子		年
第3子		年

●結婚した年（西暦）　2016　年

●31年後の貯蓄残高　3390　万円

●キャッシュフロー表　（単位：万円）

年次			32年後	33年後	34年後	35年後	36年後	37年後
家族構成・年齢		あなた	62	63	64	65	66	67
		配偶者	-	-	-	-	-	-
		第1子	27	28	29	30	31	32
		第2子	-	-	-	-	-	-
		第3子	-	-	-	-	-	-
家族のライフプラン						定年		
収入	世帯の手取り収入（給料や賞与）		410	410	410	410	280	280
	その他収入							
① 収入合計			410	410	410	410	280	280
支出	基本生活費（食費、光熱費、被服費など）		135	135	135	130	130	130
	住居費（家賃や住宅ローンなど）		120	120	120	120	120	120
	教育費（学費、塾代、教育関係費）							
	保険料（生命保険料や損害保険料）		12	12	12	10	10	10
	その他支出（交際費、趣味・娯楽費など）		25	25	25	20	20	20
	一時的な支出（車の買い替え、旅行など）							
② 支出合計			292	292	292	280	280	280
③ 年間収支（①－②）			118	118	118	130	0	0
④ 貯蓄残高（前年の④＋今年の③）			3508	3626	3744	3874	3874	3874

	6年後	7年後	8年後	9年後	10年後	11年後	12年後	13年後	14年後	15年後
	36	37	38	39	40	41	42	43	44	45
	-	-	-	-	-	-	-	-	-	-
	1	2	3	4	5	6	7	8	9	10
	-	-	-	-	-	-	-	-	-	-
	-	-	-	-	-	-	-	-	-	-
			幼稚園		家購入	小学校				
	410	410	410	410	410	410	410	410	410	410
	410	410	410	410	410	410	410	410	410	410
	135	135	135	135	140	140	140	140	140	140
	120	120	120	120	120	120	120	120	120	120
			23	23	23	30	30	30	30	30
	12	12	12	12	12	12	12	12	12	12
	25	25	25	25	30	30	30	30	30	30
	292	292	315	315	325	332	332	332	332	332
	118	118	95	95	85	78	78	78	78	78
	1376	1494	1589	1684	1769	1847	1925	2003	2081	2159

キャッシュフロー表

Hパターン

●生まれた年（西暦）

あなた	1986	年
配偶者		年
第1子	2021	年
第2子		年
第3子		年

●結婚した年（西暦）　2016 年

●結婚時の貯蓄残高　500 万円

●キャッシュフロー表　（単位：万円）

年次			今年	1年後	2年後	3年後	4年後	5年後
家族構成・年齢		あなた	30	31	32	33	34	35
		配偶者	-	-	-	-	-	-
		第1子	-	-	-	-	-	0
		第2子	-	-	-	-	-	-
		第3子	-	-	-	-	-	-
家族のライフプラン			結婚					第1子
収入	世帯の手取り収入（給料や賞与）		410	410	410	410	410	410
	その他収入							
① 収入合計			410	410	410	410	410	410
支出	基本生活費（食費、光熱費、被服費など）		130	130	130	130	130	135
	住居費（家賃や住宅ローンなど）		120	120	120	120	120	120
	教育費（学費、塾代、教育関係費）							
	保険料（生命保険料や損害保険料）		12	12	12	12	12	12
	その他支出（交際費、趣味・娯楽費など）		20	20	20	20	20	25
	一時的な支出（車の買い替え、旅行など）							
② 支出合計			282	282	282	282	282	292
③ 年間収支（①−②）			128	128	128	128	128	118
④ 貯蓄残高（前年の④＋今年の③）			628	756	884	1012	1140	1258

	22年後	23年後	24年後	25年後	26年後	27年後	28年後	29年後	30年後	31年後
	52	53	54	55	56	57	58	59	60	61
	-	-	-	-	-	-	-	-	-	-
	17	18	19	20	21	22	23	24	25	26
	-	-	-	-	-	-	-	-	-	-
	-	-	-	-	-	-	-	-	-	-
		大学			卒業				還暦	
	410	410	410	410	410	410	410	410	410	410
	410	410	410	410	410	410	410	410	410	410
	140	135	135	135	135	135	135	135	135	135
	120	120	120	120	120	120	120	120	120	120
	51	60	60	60	60					
	12	12	12	12	12	12	12	12	12	12
	30	30	30	30	30	25	25	25	25	25
	353	357	357	357	357	292	292	292	292	292
	57	53	53	53	53	118	118	118	118	118
	2588	2641	2694	2747	2800	2918	3036	3154	3272	3390

キャッシュフロー表

Hパターン

●生まれた年（西暦）

あなた	1986	年
配偶者		年
第1子	2021	年
第2子		年
第3子		年

●結婚した年（西暦）　2016 年

●15年後の貯蓄残高　2159 万円

●キャッシュフロー表　（単位：万円）

年次			16年後	17年後	18年後	19年後	20年後	21年後
家族構成・年齢		あなた	46	47	48	49	50	51
		配偶者	-	-	-	-	-	-
		第1子	11	12	13	14	15	16
		第2子	-	-	-	-	-	-
		第3子	-	-	-	-	-	-
家族のライフプラン				中学			高校	
収入	世帯の手取り収入（給料や賞与）		410	410	410	410	410	410
	その他収入							
① 収入合計			410	410	410	410	410	410
支出	基本生活費（食費、光熱費、被服費など）		140	140	140	140	140	140
	住居費（家賃や住宅ローンなど）		120	120	120	120	120	120
	教育費（学費、塾代、教育関係費）		30	48	48	48	51	51
	保険料（生命保険料や損害保険料）		12	12	12	12	12	12
	その他支出（交際費、趣味・娯楽費など）		30	30	30	30	30	30
	一時的な支出（車の買い替え、旅行など）							
② 支出合計			332	350	350	350	353	353
③ 年間収支（①－②）			78	60	60	60	57	57
④ 貯蓄残高（前年の④＋今年の③）			2237	2297	2357	2417	2474	2531

	38年後	39年後	40年後	41年後	42年後	43年後	44年後	45年後	46年後	47年後
	68	69	70	71	72	73	74	75	76	77
	-	-	-	-	-	-	-	-	-	-
	33	34	35	36	37	38	39	40	41	42
	-	-	-	-	-	-	-	-	-	-
	-	-	-	-	-	-	-	-	-	-
		ローン完済	古希							
	280	280	180							
	280	280	180							
	130	130	130							
	120	120	10							
	10	10	10							
	20	20	30							
	280	280	180							
	0	0	0							
	5074	5074	5074							

キャッシュフロー表

Hパターン

●生まれた年（西暦）

あなた	1986	年
配偶者		年
第1子	2021	年
第2子		年
第3子		年

●結婚した年（西暦）　2016　年

●31年後の貯蓄残高　3390　万円

●キャッシュフロー表　（単位：万円）

年次			32年後	33年後	34年後	35年後	36年後	37年後
家族構成・年齢		あなた	62	63	64	65	66	67
		配偶者	-	-	-	-	-	-
		第1子	27	28	29	30	31	32
		第2子	-	-	-	-	-	-
		第3子	-	-	-	-	-	-
家族のライフプラン						定年		
収入	世帯の手取り収入(給料や賞与)		410	410	410	410	280	280
	その他収入					1200		
① 収入合計			410	410	410	1610	280	280
支出	基本生活費(食費、光熱費、被服費など)		135	135	135	130	130	130
	住居費(家賃や住宅ローンなど)		120	120	120	120	120	120
	教育費(学費、塾代、教育関係費)							
	保険料(生命保険料や損害保険料)		12	12	12	10	10	10
	その他支出(交際費、趣味・娯楽費など)		25	25	25	20	20	20
	一時的な支出(車の買い替え、旅行など)							
② 支出合計			292	292	292	280	280	280
③ 年間収支（①−②）			118	118	118	1330	0	0
④ 貯蓄残高（前年の④＋今年の③）			3508	3626	3744	5074	5074	5074

著者略歴
神奈川県横浜市に生まれる。横浜国立大学大学院経営学研究科修士課程を修了。税理士・行政書士・ファイナンシャルプランナー。文教大学経営学部、城西大学経済学部兼任講師。
主な著書に、『税務・経理・人事ハンドブック』（共著・シーアンドアール研究所）、『フリーランスと個人事業者が株式会社を作るときに「ゼッタイ」読んでおく本』（共著・ソシム）、『弁護士による弁護士のための確定申告』（共著・レクシスネクシス・ジャパン）などがある。

レシートを貼《は》るだけで5000万貯《まんた》まる家計《かけい》ノート
——世帯年収《せたいねんしゅう》500万《まん》・貯金月《ちょきんつき》10万《まん》で実現《じつげん》！

二〇一六年一二月一一日　第一刷発行
二〇一七年　一　月　六　日　第二刷発行

著者　大場《おおば》智子《ともこ》
発行者　古屋信吾
発行所　株式会社さくら舎　http://www.sakurasha.com
東京都千代田区富士見一-二-一一　〒一〇二-〇〇七一
電話　営業　〇三-五二一一-六五三三　ＦＡＸ　〇三-五二一一-六四八一
編集　〇三-五二一一-六四八〇
振替　〇〇一九〇-八-四〇二〇六〇

装丁　アルビレオ
本文組版　朝日メディアインターナショナル株式会社
印刷・製本　中央精版印刷株式会社

ISBN978-4-86581-080-6